D1675068

MATTHIAS GLARNER

DREAM
BIG

ANJA KNABENHANS

«Am Ursprung jedes grossen Zieles steht ein grosser Traum. Sei mutig: Wage, gross zu träumen!»

MATTHIAS GLARNER

DREAM
BIG

ANJA KNABENHANS

WEBERVERLAG

Impressum

Alle Angaben in diesem Buch wurden von der Autorin nach bestem Wissen und Gewissen erstellt und von ihr und dem Verlag mit Sorgfalt geprüft. Inhaltliche Fehler sind dennoch nicht auszuschliessen. Daher erfolgen alle Angaben ohne Gewähr. Weder Autorin noch Verlag übernehmen Verantwortung für etwaige Unstimmigkeiten. Alle Rechte vorbehalten, einschliesslich derjenigen des auszugsweisen Abdrucks und der elektronischen Wiedergabe.

©2021 Werd & Weber Verlag AG, Gwattstrasse 144, 3645 Thun/Gwatt

Autorin Anja Knabenhans

Werd & Weber Verlag AG
Gestaltung Cover Bettina Ogi
Gestaltung Inhalt und Satz Julian Spycher
Bildbearbeitung Adrian Aellig
Lektorat Alain Diezig

ISBN 978-3-03818-315-0

www.werdverlag.ch
www.weberverlag.ch

Der Verlag Werd & Weber wird vom Bundesamt für Kultur mit einem Strukturbeitrag für die Jahre 2021-2024 unterstützt.

Inhalt

Unbesiegbar

Mein Körper krümmt sich. Ich beuge mich nach vorne, erbreche. Vorsichtig einatmen. Ja, jetzt ist es besser. Nochmals einatmen, diesmal tiefer. Okay. Langsam wieder aufrichten.

Es ist fünf Uhr, früher Sonntagmorgen, der zweite Wettkampftag in Estavayer. Erst in eineinhalb Stunden werden Sonnenstrahlen auf das Metallgerüst der Arena treffen und es zum Schimmern bringen. Erst in drei Stunden starten die Kämpfe. Aber wir Schwinger sind schon auf dem Gelände, uns umwehen die Düfte der vergangenen Festnacht. Wir versuchen sie auszublenden, marschieren zu unserem Garderobenzelt.

Das Berner Zelt ist gross, wir sind 56 Schwinger. Mit Schalttafeln wurde eine Art Garderobe gebaut, mit Kleiderhaken und Sitzplätzen in alphabetischer Reihenfolge. Die Ausstattung des Zelts ist top: ein halber Kraftraum mit Spinningvelos, Langhanteln, Gewichten sowie Turnmatten und Zwilchhosen zum Einschwingen. Zudem eine Klimaanlage, ein Verpflegungsbuffet, ein Kühlschrank, ein Fernseher, abgetrennte Bereiche für Physiotherapie und Massagen, eigene Duschen und ein Kaltwasserpool. In dieser professionellen Umgebung machen wir uns parat für unsere Kämpfe. Gedanken fokussieren, Glieder aufwärmen. Und dem Körper Energie zuführen – oder das Gegenteil.

Ich stehe hinter dem Zelt der Berner Schwinger, eine kleine, abgeschirmte Rasenfläche. Ein Ort, um kurz für sich zu sein. Ich bin nicht der Einzige, der hierher eilt, weil die Anspannung den Magen umklammert.

Ein halber Becher Kaffee, dunkel wie die Zwilchhosen, in die ich später steigen soll. Ich trinke, langsame Schlucke, muss mich wieder übergeben. Warte ein bisschen. Probiere es mit einem halben Biberli und einem Becher Wasser, erbreche auch das.

Wenn ich nervös bin, kann ich nicht essen. Je älter ich werde, desto schlimmer, manchmal kriege ich schon am Abend vor einem Schwingfest kaum was runter. Und das hier ist das Eidgenössische. So besonders, weil es nur alle drei Jahre stattfindet, weil es über zwei Tage und acht Gänge geht, weil es um Kränze aus Eichenlaub geht und diese Kränze küren die Kämpfer zu Eidgenossen. Und: Weil am Schluss ein König gekrönt wird. Der Beste dieses Festes ist Schwingerkönig und bleibt es lebenslang.

Mein Magen ist flau. Ich versuche, ruhig zu atmen.

* * *

Erstaunlicherweise konnte ich zwei Tage vor dem Fest noch entspannt essen. Meine Freundin Claudia Hediger kochte für mich in unserem Zuhause in Heimberg Kartoffelstock und Gehacktes. Eine starke Erinnerung, dieser Donnerstagabend. Da verspürte ich keinen grossen Druck, weil ich wusste, dass sehr vieles passt. Und weil die grossen Erwartungen auf anderen Schultern lasteten. Die ganze Vorbereitung hatte enorm viel Spass gemacht, jetzt wollte ich endlich leisten.

Am Freitag postete mein Bruder Stefan auf Instagram ein Foto von uns beiden, darunter den Hashtag #dreambig. Das gab mir einen Kick. Ich war auch kurz auf dem Festareal, ging dann aber gemeinsam mit Claudia und meinem Cousin Simon Anderegg nach Müntschemier, wir übernachteten bei Claudias Eltern. Ich war in der Nähe der Wettkampfarena, aber noch nicht zu nah, ideal.

Einmarsch in die Arena für den Schlussgang am
Eidgenössischen Schwingfest in Estavayer 2016. Foto: Keystone

Dann beginnt es, das Fest der Feste.

Der Einmarsch am Samstagmorgen ist mystisch: alle Schwinger aufkoloniert, ich sehe links und rechts von mir die Gesichter meiner Berner Verbandskollegen, alle angespannt, zusammengepresste Kiefer, fokussierte Blicke. Dann klettert die Sonne übers Stadiondach, und wir marschieren los ins Innere der Arena. Ich fühle mich wie ein Muni, der erstmals auf die Weide darf. Alle Schwinger versammeln sich in der Mitte, 275 Männer. Der technische Leiter sagt irgendwas, akustisch unmöglich zu hören, und die meisten von uns sind in Gedanken ohnehin schon beim ersten Gang.

Mein Start verläuft optimal: erster Gang, erster Sieg. Ich bezwinge Daniel Bösch präzis so, wie ich es mir vorgenommen habe. Im ersten Zug wird es zwar ein wenig brenzlig, der Unspunnensieger von 2011 bringt mich zu Boden, aber ich kann mich ausdrehen. Wir greifen wieder zusammen, ich starte einen Blitzangriff, setze zum Fussstich an – erfolgreich.

Vor dem Fest habe ich mich mental mit negativen Szenarien auseinandergesetzt, damit, dass es ein Geknorze wird, denn Startsiege sind bei mir selten. Vielleicht hätte ich da rückblickend in meiner Karriere mehr herausholen können. Aber unsere Wettkämpfe beginnen so früh, das liegt mir einfach weniger: mitten in der Nacht aufstehen und etwas essen, frühmorgens voll präsent sein – eine Herausforderung. Nach einer Startniederlage hat man das Messer am Hals. Das waren die Tage, die ich gehasst habe. Man muss den ganzen Tag allem hinterherrennen, der Druck verdoppelt sich für die weiteren Gänge: Du darfst nicht mehr, du musst.

Aber in Estavayer klappt alles reibungslos, mein erster Gegner liegt auf dem Rücken, ein Gefühl von Erlösung, ein Schwall positiver Gedanken – und plötzlich bin ich im Flow.

In der Garderobe gehe ich zum Kaltwasserpool, nehme einen Schwamm und reibe mich damit ab.

Dann Gang Nummer 2, ein Gestellter gegen Samuel Giger. Ich glaube, ich hätte ihn pfannenfertig, aber er kann sich noch ausdrehen. An diesem Gang studiere ich danach noch etwas herum, es ist mir ein Rätsel, wie er sich da herauswinden konnte. Aber ich hirne nicht so intensiv, dass es mich aus der Bahn wirft.

In der Garderobe gehe ich zum Kaltwasserpool und steige einfach rein, mit den Kleidern. Das Festareal glüht vor Hitze, ich brauche eine Abkühlung.

Mein Lauf hält an, es folgen Siege mit der Maximalnote 10 gegen Christian Odermatt und Ralf Schelbert. Ein genialer Wettkampftag, ich bin voll drin.

In einer Sportlerlaufbahn gibt es nicht viele Momente, in denen man dieses Gefühl erreicht. Im Flow kann man in den Kampf gehen, ohne viel nachzudenken. Die Schwünge kommen instinktgetrieben, genau im richtigen Moment. Ich bin ja eher einer, der sich sehr viele Gedanken macht. Aber jetzt: null Zweifel, nur Sicherheit.

Jetzt könnt ihr hinstellen, wen ihr möchtet – es wird schwierig für ihn.

Natürlich kann sich dieser Zustand nur einstellen, wenn die Vorbereitung stimmt. Ich habe hart trainiert, rundherum alles optimiert, habe mich intensiv auf meine möglichen Gegner eingestellt. Es war ein extremes Leben, ausgerichtet auf diese zwei Augusttage in Estavayer. Und das nicht wegen des Königstitels.

König zu werden ist der Traum vieler Schwinger – meiner nicht unbedingt. Ich habe nicht in der Hand, wie die Kämpfe eingeteilt werden, wie stark andere sind, ich kann nur meine eigene sportliche Leistung beeinflussen. Ja, ich will der Beste sein. Ich strebe nach perfekten Gängen, nach dem perfekten Schwingfest. Deshalb bin ich in Estavayer, um in acht Gängen das Maximum zu geben, sodass das Resultat dieser zwei Tage für mich stimmt. Ich weiss, dass ich sehr gut in Form bin und dass ich in der Vorbereitung alles mir Mögliche gemacht habe. Im Vorfeld hatte ich mir ausgerechnet, dass ich mit achtmal Maximalleistung in der Rangliste in den Top 5 bin. Wenn ich mein Bestes geben kann, bin ich happy – ob König oder nicht.

Am Samstagabend bin ich deshalb sehr zufrieden. 50 Prozent der Wettkämpfe sind erledigt und gut gelaufen. Ich setze mich im Berner Zelt auf ein Spinningvelo. Ausfahren, danach eine leichte Massage, runterfahren.

Bei Claudias Eltern gibt es ein feines Essen, meine Mutter ist auch da. Mein Vater verfolgt das Fest von daheim aus, er ist körperlich nicht in der Lage, so lange in der Hitze herumzusitzen. Meine Schwester Katrin wird erst am Sonntag anreisen, weil sie heute noch einen Fussballmatch hatte. Und mein Bruder Stefan steht am Sonntag mit dem FC Thun im Einsatz.

Kurz nach dem Essen verabschieden sich Simon und ich, wir müssen ins Bett.

Ich liege da, denke an Erich Fankhauser, meinen ersten Gegner am Sonntagmorgen, ein aktiver Kämpfer. Ich freue mich, bin recht locker. Und schlafe vier bis fünf Stunden, das ist viel in so einer Situation, zumindest für mich.

Morgens um vier ist schon wieder Zeit zum Aufstehen, Simon und ich machen uns parat. Claudia ist nervöser als ich.

«Ich sage zu ihm: ‹Machs gut!› Und er antwortet: ‹Kommt schon gut.› Ganz ruhig und gelassen. Da weiss ich, dass es wirklich gut kommt.»
Claudia Hediger, Freundin

* * *

Und jetzt das. Sonntagmorgen und schon dreimal erbrochen. Der Körper ist erschöpft, bevor es richtig losgeht.

Endlich beginnt der zweite Wettkampftag, die Arena ist voll, ein dichter Geräuschteppich. Mir geht es körperlich nicht gut, aber das Gehirn ist parat. Ich visualisiere, wie ich den Gang angehen kann. Ich arbeite mental fast nur mit Bildern. Es ist wie eine Filmsequenz in meinem Kopf, ich betrachte mich von aussen im Wettkampf, sehe, was ich machen kann. Manchmal fällt mir sowas leicht, manchmal nicht. Aber an diesem Wochenende läuft es wie geschmiert: Jedes Mal, wenn ich den Namen meines nächsten Gegners höre, sehe ich sofort vor mir, wie ich ihn bezwingen kann.

Und obwohl mein Körper angeschlagen ist, starte ich mit einem Sieg in den Sonntag, wische Erich Fankhauser das Sägemehl vom Rücken. Wenn man körperlich geschwächt antritt, ist der Grat zwischen Gelingen und Scheitern besonders schmal. Dieser Sieg ist enorm wichtig für mich, entscheidend für den weiteren Wettkampfverlauf.

Da ist er wieder, der Flow.

In den Pausen zwischen den Gängen bin ich relativ entspannt, höre Musik, spreche mit anderen Schwingern und Betreuern. Die Stimmung im Garderobenzelt ist gleichzeitig locker und professionell. Auf einem Wägelchen steht ein grosser Radio, daraus dröhnt Musik.

In der Mitte des Berner Zelts versammeln sich jene, die gerne ein bisschen Plaudern und Sprüche klopfen, andere sitzen lieber auf den Seiten, auf ihrem Platz.

Vor jedem Gang aber stehen wir Berner zusammen und kommen in den Genuss der Motivationssprüche von Stefan Sempach, Bruder von Schwingerkönig Matthias Sempach und selber erfahrener Schwinger, der in Estavayer als Betreuer dabei ist.

Sonst schaut jeder für sich, was er grad am besten braucht. Darüber haben wir uns im Vorfeld Gedanken gemacht und konnten auf einer Liste eintragen, wer welche Bedürfnisse hat bezüglich Ausstattung und Betreuung. Ich schrieb: Bitte in Ruhe lassen. Ich möchte mich nicht von Leuten abhängig machen, die dann vielleicht grad nicht verfügbar sind. Wenn ich jemanden brauchte, organisiere ich das gleich direkt.

Ich bin da weniger léger als andere, will alles selber organisieren, optimieren. Deshalb verzichte ich auch auf Massagen während eines Wettkampfs. Ich lasse mich nicht gern von Leuten anfassen, die ich massagetechnisch nicht gut kenne, sonst verringert bei mir eine Massage die extra aufgebaute Spannung. Nach dem Wettkampf nehme ich gerne Massagen in Anspruch, einfach mit genauen Anweisungen an die Physiotherapeuten.

Obwohl ich leistungsmässig einen Lauf habe: Essen kann ich nie richtig, Anspannung und Adrenalin sind zu intensiv. Ich knabbere Biberli und Balisto, mein Essen nehme ich selber mit, eine Box mit Reissalat und Poulet und eine Packung Bündnerfleisch von Claudia gehört immer dazu. Am Sonntagmittag hole ich mir im Verpflegungszelt ein paar Nudeln und ein halbes Schnitzel, bringe davon zumindest einen kleinen Teil runter. Und trinke über den Tag verteilt acht bis zehn Liter Wasser und zwischendurch Himbeersirup.

Mit meinen 120 Kilo müsste ich theoretisch mehr zu mir nehmen, ernährungstechnisch mache ich alles falsch. Aber ich bin 30, habe viele Wettkämpfe erlebt, das hilft in diesem Moment. Ich lasse mich nicht mehr so leicht verunsichern. Ich weiss: Schlafen und Essen sind die zwei Dinge, die man vor dem Wettkampf getan haben sollte. Deshalb sitze ich entspannt da, verpflege mich, so gut es halt geht.

Es kommt der sechste Gang, ich bodige Adrian Steinauer. Nach jedem Gang treffe ich Claudia kurz, nur wenige Minuten. Nach dem sechsten Gang sagen wir zueinander: Wir sehen uns am Abend wieder.

Schlussgang am Eidgenössischen in Estavayer 2016 gegen Armon Orlik.
Foto: Rolf Eicher

Im siebten Gang stehe ich Mario Thürig gegenüber. Mir ist klar: Mit einem Sieg stehe ich im Schlussgang. Aber Mario ist vierfacher Eidgenosse und ein gewitzter Kämpfer, ich muss aufpassen. Doch auch diesmal zeigt mein Fussstich Wirkung, ich gewinne.

Sieben Duelle geschafft gegen starke, aber passende Gegner; keine, die einfach klemmen und auf einen Gestellten aus sind. Ich stehe im Schlussgang.

Im Garderobenzelt schaue ich mir via Fernseher den siebten Gang von Armon Orlik an. Noch bevor ich es über die Lautsprecher höre, bestätigt mir ein Berner Betreuer: Armon ist mein Schlussgang-Gegner.

Alles klar. Ich fühle mich gut vorbereitet.

Im Vorfeld hatte ich mit meinem Sportpsychologen Röbi Buchli Karteikarten zu den Topgegnern gemacht; zu jedem Namen drei Lösungen, wie man ihn besiegen kann. Ich musste aufs Spinningvelo und pedalen wie verrückt, er fragte mich unter Belastung ab. An der Uni hatte ich nie mit Kärtchen gearbeitet, ich dachte immer, das sei eine dumme Art, zu lernen. So kann man sich täuschen. Natürlich gab es ein Kärtchen von Armon. Und ich hatte mir mehrere Videos von ihm angesehen, insbesondere den Schlussgang des St. Galler Kantonalschwingfests. Dort hatte Armon gegen Beat Clopath verloren. Ich hatte recherchiert, wie Armon zu bodigen ist.

Vorfreude, positive Anspannung. Doch dann kippt meine Stimmung in einem ungünstigen Moment: vor dem Schlussgang.

Ich sitze auf meinem Platz in der Garderobe, gucke auf dem Handy das Fussballspiel meines Bruders, FC Thun gegen FC Basel, eine gute Ablenkung. Zur Halbzeit steht es 0:3, ich bin etwas frustriert. Und plötzlich verfalle ich in negative Gedanken: Wenn du hier im ersten Zug nach wenigen Sekunden verlierst, dann bist du der Depp der Nation.

Dieser Kampf zwischen zwei Männern ist ja eigentlich ziemlich primitiv: Es geht nur darum, wer der Stärkere ist, das ist sehr testosterongetrieben. Das spitzt sich dann zu auf einen Show-down vor 52016 Zuschauern, etwa eine Million Menschen sitzen vor dem Fernseher. Wenn man sich dann eine Blösse gibt und nach fünf Sekunden auf dem Rücken liegt, dann denken die Leute, man sei eine Oberpfeife. Dieser Gedanke krallt sich in meinem Kopf fest.

Im Sport heisst es immer, man müsse positiv denken. Aber auch aus negativen Gedanken kann Positives entstehen.

Negatives Denken kann Negatives auslösen, klar. Das ist mir schon oft genug passiert. Aber irgendwann habe ich für mich herausgefunden, was ich machen muss, damit es eben nicht negativ herauskommt.

Ich kann dank negativen Gedanken Ziele definieren, daraus entsteht eine neue Sicherheit.

Diese negativen Gedanken vor dem Schlussgang sind hilfreich, weil sie mich sehr wachsam machen. Und in einem Kampf mit Armon Orlik ist Wachsamkeit essenziell. Das Ziel ist also, sicher nicht in den ersten drei Zügen zu verlieren. Ich will zumindest die Möglichkeit haben, mit meinem Gegner zu schwingen. Und bin ganz sicher: Wenn ich die ersten Sekunden überstehe, wird sich eine Chance ergeben.

Ich sitze in der Garderobe, es ist später Nachmittag, ich wandle die negativen Gedanken in positive Energie um und versuche, den Fokus zu halten. Es ist trotz Klimaanlage heiss hier drin und es riecht nach Schweiss, Dul-X, Kaffee, Red Bull. So duftet auch eine Schwingertasche.

Die Berner Kollegen kommen zurück von ihren letzten Kämpfen, links und rechts von mir Emotionen: himmelhochjauchzend oder das totale Elend, hier kommt alles vor. Neben mir knallt es. Ein Schwinger schlägt einen Stuhl zusammen, weil er es nicht in die Kranzränge geschafft hat, wieder drei Jahre nicht Eidgenosse.

Dieser Kontrast, ich fokussiert, er frustriert, darum herum freudige Schwinger – hochintensiv.

An einem Fest kannst du nicht für alle da sein. Ich habe in der Garderobe mein soziales Umfeld, meinen Cousin Simon, den Schwingerkönig Kilian Wenger, mit dem ich viel trainiert und erlebt habe, und wenige andere.

Mein Sportpsychologe Röbi Buchli ist vor Ort, ich könnte ihn bei Bedarf anrufen. Mein Manager Beni Knecht und mein Athletiktrainer Roli Fuchs hingegen sind daheim geblieben, sie gucken die Feste lieber in Ruhe statt inmitten von Zuschauern.

> «Mätthel sagte im Vorfeld vorwurfsvoll: Du gehst an jeden SCB-Match, aber an meinen wichtigsten Wettkampf kommst du nicht. Ich gehe kaum an Schwingfeste, weil ich mich dermassen aufrege über Zuschauer, die angeblich alles besser wissen als die Kerle unten im Sägemehl. Ich ertrage das Gestänkere nicht, weil ich weiss, was die Athleten für einen Preis zahlen. Aber ich versprach ihm, dass ich sofort komme, wenn er König wird.»
> Roli Fuchs, Athletiktrainer

Ich und meine nächsten Schwingerkollegen reden nicht ständig miteinander, nur schon kleine Gesten geben manchmal den nötigen Kick: Man begegnet einander unterwegs, sagt «Heja!» und klatscht ab. Was bei den anderen ausserhalb deines Umfelds läuft, muss dir egal sein. Letztlich soll jeder für sich schauen und sein

Maximum geben, dann stimmt am Schluss wahrscheinlich auch die Teamleistung.

Diese vielgepriesene Teamleistung: 56 Testosteron-Güggel auf einem Haufen, das ist wie eine Hassliebe. Ich würde vielleicht mit einer Handvoll davon in die Ferien, wir sind nicht alles beste Kollegen. Das ist eine totale Zweckgemeinschaft. Je besser die Schwinger, je höher die Ambitionen, umso grösser die Egoisten. Wenn du nicht ein bisschen egoistisch bist, wirst du wahrscheinlich nicht König.

Und gleichzeitig braucht man einander. Du brauchst fünf, sechs Schwinger, mit denen du auf hohem Level trainieren kannst, die dich pushen und wachhalten. Du brauchst auch Junge, die drücken. Einerseits braucht man einander, andererseits muss man auch besser sein als die anderen.

Jetzt bin ich aber auf mich allein gestellt. Ich stehe vor der Garderobe und schaue von aussen aufs Stadion. Die Sonne steht schon tief, es kommt mir vor wie eine Endszene im Film Gladiator. Ich höre Musik, vielleicht etwas unromantisch für einen Schwinger. Amerikanischer Hip-Hop, Nelly: The Champ.

> Today is the day
> Is the day that I have always dreamed of forever
> When you call me,
> You call me the champ of the world
> I can raise my hands
> I can scream I'm the best in the world
> Whole world
> All my blood, sweat and grind
> Was all for this time

Dann ist es Zeit, loszugehen.

Es ist ein langer Marsch in die Arena. 52016 Zuschauer sitzen da. Ich spüre die vielen Blicke, habe den ganzen Weg Gänsehaut und versuche, mich zusammenzureissen und mental im Tunnel zu bleiben. In meinen Kopfhörern dröhnen Metallica mit Whiskey in the Jar, die E-Gitarren und das Schlagzeug treiben mich voran.

Jeder der sagt, dass er auf diesem Weg total fokussiert gewesen sei, der lügt. Natürlich habe ich mich im Vorfeld auch mental mit dem Schlussgang befasst. Aber diese Situation lässt sich nicht vollständig vorausahnen, sie ist zu speziell.

Mich beruhigt nur der Gedanke, dass ich jetzt nichts mehr tun kann, die Vorbereitungszeit ist vorüber. Ich muss einfach in die Hosen steigen und das tun, was ich tausendfach trainiert habe.

Ich bin wie im Film. Gehe zuerst zum Brunnen, links und rechts davon stehen meine Verbandskollegen, ein Berner Spalier, eine Überraschung und Riesenehre.

> «Mir geht durch den Kopf: Diese Geste kann jetzt in beide Richtungen ausschlagen – auf der einen Seite ist es eine sehr schöne Geste des Teams für den Teamplayer Mätthel, auf der anderen Seite könnte die ungewohnte Situation Mätthel aus dem Konzept bringen.»
> Robert Buchli, Sportpsychologe

Ich habe Hühnerhaut und muss mich echt zusammenreissen, versuche zu Boden zu blicken und nicht zu viel wahrzunehmen.

Ich mache mein Ritual am Brunnen: dreimal Wasser mit beiden Händen übers Gesicht, anschliessend Wasser über beide Arme und beim Weggehen ein bisschen Wasser in den Nacken. Dann träufle ich ein paar Tropfen Carmol auf die Fäuste, verreibe sie auf der Haut, rieche an meinen Fäusten, atme tief ein. Das Fläsch-

Mit Siegermuni Mazot de Cremo am Eidgenössischen Schwingfest 2016.
Foto: Rolf Eicher

chen habe ich kurz vorher einem unserer Physiotherapeuten stibitzt, der Duft von Carmol klöpft mich etwas auf.

Ich warte am Sägemehlrand, betrete immer erst nach meinem Gegner das Sägemehl. Ich spreche mit mir, nehme ein wenig Sägemehl auf und verreibe es an meinen Händen.

Armon geht in den Ring.

Los gehts.

Wir stehen im Sägemehlkreis, bereit für den Endkampf, Mann gegen Mann. Armon Orlik oder ich, es ist so simpel und doch so faszinierend. Schwingen ist für mich wie Sägemehl-Schach, ein Strategiespiel. Ich weiss genau, wie es klappen kann und wo die Gefahren liegen.

Meine Taktik steht. Armon ist einer, der oft blitzschnell attackiert, wenn der Kampfrichter das Startzeichen gibt. Er ist eine Wucht. Ich muss sofort parat sein, Geduld haben, auf eine Unachtsamkeit von ihm lauern. Ich weiss: Wenn ich mich mit ihm auf einen offenen Schlagabtausch einlasse, wird es extrem schwierig. Ich habe viele Fehler gemacht in Kämpfen, habe viel Sägemehl gefressen. Vielleicht geht es diesmal auf für mich.

Griff fassen, aufpassen. Ich höre das «Gut» des Kampfrichters und bin nach zwei Sekunden schon in der Luft, nach zehn Sekunden lande ich im Sägemehl, aber nicht auf dem Rücken. Die erste Gefahr ist pariert. Ich greife an, er greift an, hin und her, Schweiss, Stossatmen, höchste Konzentration.

Die Zeit verrinnt, es bleiben noch etwa zwei Minuten, mein Tank ist schon recht leer. Und plötzlich ist sie da, die Chance, nach dreizehneinhalb Minuten. Ich packe sie, mein Fuss sticht zu, Armon liegt auf dem Rücken.

Ich bin Schwingerkönig.
Es kommen keine grossen Emotionen. Nur das Gefühl von Erlösung.

Endlich ist es vorbei. Ich kann loslassen.

Input vom Sportpsychologen Robert Buchli

Wie wandle ich negative Gedanken um in positive Energie?

Hattest du auch schon Zweifel? Wie bist du damit umgegangen?

Was mit uns geschieht, haben wir nicht in der Hand – aber die Interpretation dessen, was uns passiert, schon!

In der Psychologie ist es bekannt, dass wir in jeder Situation immer nur einen Teil der Welt wahrnehmen und in uns abbilden. So sehen wir Dinge nicht, wie sie objektiv sind, sondern «konstruieren» ein Abbild der Realität.

Dass Matthias vor dem Schlussgang von Zweifeln eingeholt wurde, ist sehr natürlich. Die Zweifel machten ihm bewusst, dass er in seinem Leben noch nie zuvor eine solche Situation erlebt hatte und dass er diese Situation nicht einfach so würde meistern können. Entscheidend für ihn war, dass er sich nicht als Opfer seiner Gedanken sah, sondern wusste, dass er diese Gedanken bewusst beeinflussen kann.

Das unten dargestellte Schema soll Matthias' Ausgangslage darstellen: Die Schlussgangteilnahme (Situation) löst in ihm zweifelnde Gedanken aus «Ich könnte mich blamieren.» Diese Gedanken führen zu Gefühlen wie z.B. Unsicherheit oder Angst. Die Gefühle wiederum führen zu körperlichen Reaktionen wie erhöhtem Puls, feuchten Händen, Appetitlosigkeit bis zu Erbrechen. Alle diese Dinge beeinflussen schliesslich, ob Matthias seine optimale Leistung abrufen kann oder nicht.

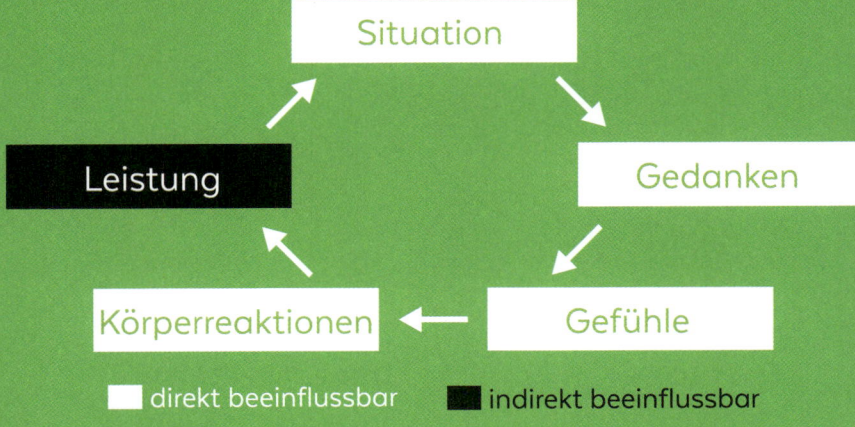

direkt beeinflussbar   indirekt beeinflussbar

Grafik: Rahmenmodell aus der kognitiven Verhaltenstherapie

Matthias' mentale Challenge war es nun, sich dieser herausfordernden Situation gewahr zu sein und aktiv zu entscheiden, wie er die aktuelle Situation bewertet und wie er sie kontrollieren kann. Er hatte über Jahre gelernt, in welchem Zustand er sein natürliches Potenzial (d.h. seine mentalen, taktischen, technischen, konditionellen Fähigkeiten und die unterstützenden sowie einschränkenden Umfeldfaktoren) abrufen konnte. Niemand kennt seinen optimalen Leistungszustand vermutlich besser als ein erfahrener und selbstreflektierter Athlet.

So konnte er die Perspektive ändern und erkennen, dass die Situation für seinen Gegner noch wesentlich anspruchsvoller war als für ihn. Die Welt kurz auf dem Kopf zu sehen, hilft, um Klarheit zu schaffen und daraus sinnvolle Ziele abzuleiten. So entwickelte er für sich eine klare Strategie, wie er im Schlussgang agieren wollte und setzte diese konsequent um.

Greifbares für deinen Alltag

- Beobachte einmal pro Tag deine Gedanken, als ob du einem Gespräch zuhören würdest.
- Praktiziere täglich Entspannungsübungen, um dich und deinen Umgang mit gewissen Situationen besser wahrzunehmen und deinen Zustand aktiv zu steuern.
- Notiere für dich, wie es sich anfühlt, wenn du dein natürliches Potenzial abrufen kannst.

Sägemehlluft

Start als Schwinger

Wir sind eigentlich eine Fussballerfamilie. Vater und Mutter spielten früher Fussball, arbeiteten dann ehrenamtlich in Meiringen als Trainer. Meine Mutter schaffte es einst bis in die Nationalliga A, meine Schwester Katrin auch, mein Bruder Stefan spielte in der Super League. Und ich? Ich kam als Goalie des SV Meiringen bis in die 5. Liga.

Fussball machte mir Spass, aber ein Talent war ich nicht gerade. Wenn Stefan einen Trick sah, konnte er ihn in fünf Minuten – ich musste zwei Stunden üben.

> «Stefan war viel beweglicher, Matthias wirkte im Vergleich zu ihm nicht wie ein Bewegungstalent. Alles, was er erreicht hat, musste er hart erarbeiten.»
> Heidi Glarner, Mutter

Ehrgeiz hatte ich schon früh, zumindest im Sport. Und ich lernte die Befriedigung kennen, wenn sich das Durchbeissen auszahlt.

Sonst war ich eher ein Träumer. Im Kindergarten war die Lehrerin nicht sicher, ob ich schon parat sei für die Schule.

> «Als es darum ging, ob Matthias in die Schule wechseln könne, sagte die Kindergärtnerin, sie wisse nicht, was der Bub mitbekomme. Er sitze einfach da, mache mit, aber sage nicht viel. Wir haben dann beschlossen, es auszuprobieren und ihn in die Schule zu schicken.»
> Heidi Glarner, Mutter.

Ich kann mich noch erinnern, wie mein Möti mich am ersten Schultag begleitete und weinte. Sie war einerseits noch geschwächt und emotional, weil die Geburt meiner Schwester Katrin erst zwei Wochen zurücklag. Andrerseits hatte sie Angst, dass ich überhaupt noch nicht bereit bin. Die anderen Kinder konnten teilweise schon schreiben. Mich hatte das bis dahin nicht interessiert – weshalb vorher lernen, dafür geht man ja dann in die Schule.

Einige Jahre später besuchte meine kleine Schwester Katrin den Kindergarten, bei einer anderen Lehrerin, und erzählte von den Lektionen. Da war ich total überrascht, wie toll es im Kindergarten sein kann. Mir war es wohl einfach zu langweilig gewesen, deshalb hatte ich lieber vor mich hingeträumt.

> «Matthias war ein ganz normales Kind, gelegentlich ein Schlitzohr, wie es sein muss. Er war sehr ausgeglichen, nie himmelhoch jauchzend, aber auch nicht tief betrübt. Er gehörte eher zur ruhigen Sorte, sagte generell nicht so viel und studierte lieber vor sich hin. Plötzlich kam jeweils irgendwas aus seinem Mund und man merkte, dass er sich viel dazu überlegt hatte.»
> Heidi Glarner, Mutter

Das Fussballspielen gefiel mir sehr gut, aber als ich neun war, nahm mein Onkel Andreas Anderegg seinen Sohn Simon und mich mit in den Schwingkeller.

> «Ich hatte vorher schon ein, zwei Trainings gemacht, mein Vater war ja Schwinger. Eines Tages standen Mätthel und ich bei uns auf dem Bauernhof vor dem Stall. Mein Vater schaute zu uns raus und sagte zu Matthias: ‹So, und du kommst jetzt auch mal mit.› Und Matthias nickte.»
> Simon Anderegg, Cousin

Im Alter von vier Jahren. Foto: Heidi Glarner

Ich fand den Sport toll. Er passte gut zu meinem Körperbau, ich war immer schon kräftiger als meine Geschwister. Schon als ich ein Baby war, hatte mein Onkel mir über den Rücken gestreichelt und meinen Eltern prophezeit, das gebe mal einen Schwinger.

Meine Mutter musste bei mir etwas drauf achten, was und wie viel ich esse.

> «Die ganze Kindheit über war Matthias ein dankbarer Esser. Zum Frühstück hätte er jeweils sicher fünf Brotschnitten gegessen, aber ich schaute schon etwas darauf, dass er nicht über den Hunger hinaus isst. Ich buk viel und er liebte es, wenn eine Torte auf dem Tisch stand. Und an Regennachmittagen ging er gerne zum Gschnoisi-Schränkchen und wollte etwas naschen, weil ihm grad langweilig war. Wir verhandelten dann jeweils miteinander, was drin liegt.»
> Heidi Glarner, Mutter

Immer wieder sah ich später an Schwingfesten junge Burschen mit zu viel Speck auf den Rippen. Und war meiner Mutter dankbar, dass sie bei mir aufs Gewicht geachtet hatte.

An Bewegung fehlte es mir aber sicher nicht, wir waren so viel draussen unterwegs. Meine Mutter hat extrem viel mit uns unternommen: Wir haben alle von ihr Skifahren gelernt, haben sogar auf dem Skilift Hausaufgaben gemacht und beispielsweise Multiplikationsreihen geübt. Wir gingen grillieren, haben Wasserräder gebaut oder Räuber und Poli gespielt und so weiter. Und am Abend, wenn die Sonne unterging, gingen wir ins Bett und waren positiv erschöpft. Ich hatte eine tolle Kindheit.

Meine kräftige Postur störte mich überhaupt nicht. Mein Babyspeck war fürs Schwingen grad praktisch und half wohl, dass ich recht schnell gut wurde. Nicht spitze, aber ein guter Jungschwinger. Ein Jahr nach dem Start im Sägemehl gewann ich schon das Buebeschwinget in Muotathal.

Auf einem Jugendfoto von mir bin ich etwa zwölfeinhalb, schon ein bisschen fest, dazu mit roten Haaren, Sommersprossen und Zahnspange. In dem Alter besuchte ich mein erstes Eidgenössisches. Mein Onkel nahm Simon und mich mit, liess uns die grosse Sägemehlluft schnuppern.

* * *

Sommer 1998 im Berner Wankdorfstadion, eine eindrückliche Kulisse. Da wurde Jörg Abderhalden als 19-Jähriger das erste Mal Schwingerkönig. Ich kann mich ehrlich gesagt nicht an einzelne Gänge erinnern. Dafür weiss ich noch, dass wir nach dem Fest Giveaways einsammelten unter der Tribüne, das waren Kartonschachteln mit speziellen Villiger Kielen. Wir wollten sie natürlich nicht selber rauchen. Der Wettkampf selbst war kein bewusstes Erlebnis, nur ein Vorgeschmack.

* * *

Ich ging weiterhin einmal wöchentlich in den Schwingkeller. Ab und zu machten wir auch bei meinem Cousin Simon auf dem Bauernhof Schwingübungen, sie hatten auf einer Heubühne einen kleinen Sägemehlring. Ich absolvierte an den Wochenenden Wettkämpfe, mit meinem üblichen Ehrgeiz.

Ich träumte davon, einmal zu den Bösen zu gehören, aber der Traum war noch nicht drängend, schwebte einfach im Hinterkopf. Daneben spielte ich weiterhin Fussball und fuhr Ski, hatte also unter der Woche auch dort Trainings. Aber es war klar, dass ich nie Profifussballer oder Profiskifahrer hätte werden können.

In der Sekundarschule wurden mir die verschiedenen Hobbys zu viel. Ich musste Prioritäten setzen. Die Entscheidung fiel nicht schwer: kein Skifahren mehr, kein Fussball, nur noch Schwingen. Ich sah dort die grössten Chancen, etwas zu erreichen.

Einmal, viele Jahre später, bin ich einem Geigenspieler begegnet, Sebastian Bohren. Er übt zehn Stunden täglich, mit einer Violine im Wert von sechs Millionen Franken. Er ist fantastisch, aber auch nur, weil er so viel Zeit und Energie in seine Leidenschaft steckt und dafür vieles anderes bleiben lässt. Ich hörte mir seine Geschichte an und dachte: Ob bei der Schauspielerei, bei Schriftstellern oder Juristinnen – du musst eine Wahl treffen. Niemand kann das ganze Spektrum abdecken, irgendwo spezialisierst du dich. Du bist Arzt und spezialisierst dich auf Füsse, versuchst dann dort, ein hohes Level zu erreichen. Ab einem gewissen Niveau geht es nicht mehr anders, als dass du halt etwas aufgibst.

Ich bin froh, konnte ich diese Entscheidung treffen und mich klar fürs Schwingen entscheiden. Gut, habe ich nicht versucht, alles ein bisschen zu machen, sondern etwas mit vollem Einsatz.

Meine Eltern redeten mir nicht rein. Ihnen war nur wichtig, dass wir Kinder ein Hobby haben, bei dem wir uns bewegen und an dem wir Freude haben. Dass wir ein gutes Sozialleben haben. Und: auf dem Boden bleiben.

Ich bin in traditionellen Verhältnissen aufgewachsen. Meine Eltern pflegten das damals gängige Familienmodell: Mein Vater arbeitete als Wagenmechaniker bei der SBB und brachte das Geld heim, meine Mutter kümmerte sich um Kinder und Haushalt; beide hatten fordernde Aufgaben. Am Abend kam Ätti heim, roch nach Putzverdünner – ich mochte das – und dann war er voll für uns Kinder da. In der Freizeit waren wir viel zusammen, es war immer etwas los bei drei Kindern mit sportlichen Engagements. Meinen Eltern war es wohl nie langweilig. Zudem haben sie sich in Vereinen engagiert, als Fussballtrainer oder beim Führen der Klub-Beiz.

Papas Einkommen war nicht riesig. Trotzdem hatten die Eltern kurz nach der Geburt meiner kleinen Schwester quasi mit dem letzten Rappen unser Familienhaus gebaut. Vorher hatten wir eine Wohnung der SBB in unmittelbarer Nähe bewohnt.

In unserem Haus brachten sie dann eine fünfköpfige Familie durch, ohne unnötigen Luxus, aber immer mit dem Fokus, dass wir unseren Bewegungsdrang ausleben konnten, dass es noch für Skiabos reichte zum Beispiel. Ich bin nie geflogen, bis ich 16 war, wir bekamen kostenlose Bahnbillette für ganz Europa und fuhren halt mit dem Zug an den Strand. Zum Skifahren nahmen wir Proviant mit und sparten uns Restaurantbesuche. Uns fehlte es an nichts. Meine Eltern wollten uns ganz viel ermöglichen.

> «In unserer Kindheit waren wir an den Wochenenden immer unterwegs. Am Samstag bei Fussballmatches, wo Stefan und ich spielten. Wenn die Partien gleichzeitig stattfanden, wechselten sich die Eltern ab, guckten eine Halbzeit beim einen Kind zu, die andere beim anderen. Und die Sonntage verbrachten wir an Schwingfesten, das war so eine Art Familienevent.»
> Katrin Glarner, Schwester

Das hing auch mit der Familiengeschichte meines Vaters zusammen. Er hatte eine arbeitsreiche Kindheit, musste schon als Schüler den Bauernhof mitbetreiben. Er ging am Morgen in den Stall, dann in die Schule und am Abend wieder in den Stall. Später machten er und sein Bruder zusammen mit ihrem Vater auch noch die Kehrichtabfuhr. Nach der Schule arbeitete er tagsüber auf dem Bau und daneben weiterhin auf dem Hof. Erst mit 20, nach der Rekrutenschule, begann er mit Fussball. Er motivierte dann auch meine Mutter zum Fussballspielen und fuhr mit ihr jeweils nach Thun ins Training.

Unsere Erziehung war geprägt von Zuneigung und Wertschätzung. Und meine Eltern haben uns viele Werte wie Bescheidenheit, Genügsamkeit und Disziplin vorgelebt, für die ich heute dankbar bin.

> «Daheim beim Essen sprachen wir oft über die letzten Fussballspiele oder Schwingfeste. Eine der grossen Stärken unseres Vaters war seine Verbissenheit, im positiven Sinn: nie aufgeben, solange der Wettkampf läuft, nie den Glauben daran verlieren, dass man es schafft. Unser Vater war der grösste Kritiker, aber auch der grösste Motivator. Durch die positive Kritik bekamen wir viele Inputs und einen gesunden Ehrgeiz.»
> Stefan Glarner, Bruder

Auch wenn ihnen wichtig war, dass wir ein Hobby haben: Schule und Ausbildung hatten immer Vorrang. Als Teenager musste mich entscheiden, ob ich eine Lehre absolvieren oder ans Gymnasium gehen wollte. Meine Eltern stellten es mir frei. Ich wollte jedoch ein Handwerk erlernen und mit meinen Händen arbeiten.

Eigentlich träumte ich vom Beruf des Kampfjetpilots, aber Schwingtraining und fliegerische Vorschulung wären nicht vereinbar gewesen. Ich überlegte, wog ab. Ich wollte weiterschwingen.

Weil ich wusste, dass Kampfjetpilot rein zeitlich nicht realistisch war, suchte ich nach Alternativen für die Lehre. Ich schnupperte Maurer und Elektromonteur, entschied mich letztlich für Polymechaniker. Das fand ich eine gute Grundausbildung, um später wenigstens Flugzeugmechaniker zu werden. Schon zu Beginn der Lehre wurde aber klar, dass ich auch eine Berufsmatura machen kann und ich kam bald von der Idee ab, einmal Mechaniker zu werden.

Mein Sport machte Spass und ich sah noch so viel Verbesserungspotenzial. Mein Onkel war massgeblich für meine schwingerische Ausbildung verantwortlich, brachte mir mein gesamtes

Im Kampf gegen Christian Stucki (hinten) am Buebeschwinget in Lengnau 1995.
Foto: Heidi Glarner

technisches und taktisches Rüstzeug bei – und half mir bis zum Ende meiner Karriere immer wieder mit Ratschlägen.

Beispielsweise gab es einen Lehrblätz von ihm darüber, wie wichtig Gewichtsverteilung ist. Bei uns sagt man oft, dass im Schwingtraining zu verlieren nicht so schlimm sei. Wenn man beim nächsten Greifen gegen den gleichen Gegner aber nochmals im selben Schwung verliert, ist das nicht so toll. Eine dritte Niederlage in Folge ist dann die Höchststrafe. Mein Onkel legte mich als junger Bursche dreimal hintereinander im Stich auf den Rücken, weil ich nicht gut und zu wenig ausgeglichen auf meinen Füssen stand. Seither achte ich sehr gut auf meine Gewichtsverteilung.

Die Kollegschaften im Schwingkeller waren mir wichtig, dass mein Cousin Simon auch dabei war, gab zusätzliche Motivation. Wir haben uns gegenseitig angetrieben. Und ich konnte mich an Jungschwingertagen mit vielen anderen Starken messen. Bei den Bernern gab es einige Talente mit den Jahrgängen 1984, 1985, 1986, zum Beispiel Matthias Sempach, Christian Stucki, Matthias Siegenthaler, Willy Graber oder Thomas Sempach.

Ich hatte kaum Motivationstiefs, zum Glück. Rückblickend ist es schon verrückt: Ich hätte von einem Tag auf den anderen aufhören und mich einfach auf die Lehre fokussieren können. Es gab im Schwingen keine Talentselektion, wo geschaut wird, dass begabte Jugendliche dranbleiben. Heute gibt es ansatzweise solche Kader, aber im Vergleich zu anderen Sportarten hinkt die Talentbetreuung noch stark hinterher.

Aber ich hatte den inneren Antrieb, das gute Umfeld und erhielt im selben Jahr, als ich meine Lehre startete, einen weiteren Motivationsschub.

* * *

2001 reisten mein Onkel, Simon und ich nach Nyon. Am Freitagabend waren Billette zurückgekommen, weil Leute verhindert waren – also lud mein Onkel uns spontan ins Auto und wir fuhren los ans Eidgenössische. Wir hatten keinen Schlafplatz und übernachteten in der Nacht vor dem Fest im Schlafsack unter einem Baum – nur etwa 50 Meter vom Stadion entfernt.

Am Abend gingen wir in die leere Arena. Sie war beleuchtet, so gross und imposant. Ich blickte mich um, und es kribbelte leicht. Und dann sah ich die Wettkämpfe mit all den grossen Namen, die ich nur aus dem Fernsehen kannte: Jörg Abderhalden, Heinz Suter, Martin Grab, Stefan Fausch, Arnold Forrer und so weiter.

Ich war 15 und dachte, ich bin noch so weit weg von all dem.

2001 bestritt ich erstmals ein Schwingfest bei den Aktiven und gewann zwei Gänge. Das war schon recht gut, aber von einer Teilnahme am Eidgenössischen fühlte ich mich noch meilenweit entfernt. Aber mein Berner Verbandskollege Christian Stucki hat denselben Jahrgang wie ich und durfte schon in Nyon mitschwingen. Ich sah ihn und wusste: Es war möglich.

In Nyon hat es mich wirklich gepackt.

Ich wollte in drei Jahren beim Eidgenössischen in Luzern dabei sein. Und hatte keine Ahnung, wie ich das schaffe.

Vision

Mut für grosse Träume

«Ihr müsst nicht, ihr dürft. Aber wenn, dann macht ihr es richtig!»
Das sagte mein Vater einst – und es wurde für uns Kinder zur Leit-
linie.

Ich wollte schwingen, wollte es richtig machen, wollte besser
werden. Aber ich hatte absolut keinen Plan.

In meinem Zimmer hing über dem Pult ein Foto von Christian
von Weissenfluh, eine Berner Schwinger-Ikone, ein Haslitaler wie
ich. Sein Bild und auch solche von Niklaus Gasser, Silvio Rüfen-
acht oder Adrian Käser hatte ich als Bub aus Schwingerzeitungen
ausgeschnitten. Und jetzt fragte ich mich: Wie werde ich so gut
wie sie?

Mit 15 oder 16 Jahren wechselt ein Jungschwinger zu den Aktiven. Es gibt zwei organisierte Schwingtrainings pro Woche, sonst
nichts, kein Umfeld, du bist in keinem Kader wie in anderen Sportarten.

Früher hiess es oft: Schwinger gehen in den Schwingkeller und essen abends ordentlich Znacht, Punkt. Andere Trainingsreize waren
nicht üblich, vor einigen Jahrzehnten sogar verpönt. Der ganze Kraft-
aufbau neben dem Techniktraining kam erst gerade auf, als ich ein
Teenager war. Natürlich gab es Schwinger, die mehr machten und
anders trainierten – Christian von Weissenfluh zum Beispiel.

Aber es fehlte der Austausch untereinander, jeder schaute für
sich. Ich machte ein bisschen Liegestützen und so, unstrukturiert.

Mein Turnlehrer in der Gewerbeschule hiess Roli Fuchs. Er
kannte meine Familie, hatte als Jugendlicher bei meinem Vater in
Meiringen Fussball gespielt und war damals dankbar gewesen,

wie gut mein Vater als Trainer zu den Jungen schaute. Nun sah er mich und erkannte, dass er etwas zurückgeben konnte bei einem 15-Jährigen mit vielversprechenden Voraussetzungen, aber ungünstigen Trainingsmethoden.

> «Bei Mätthel sah ich sofort, dass der vor Testosteron strotzt. Ich wusste, wenn der richtig trainiert, wird er ein Töff. Aber es gab damals auch eine Bodybuilder-Szene und ich wollte nicht, dass er da reinrutscht.»
> Roli Fuchs, Athletiktrainer

Nach einigen Stunden Turnunterricht setzten wir uns auf ein Bänkchen und redeten ein bisschen.

Roli fragte: «Wollen wir im Athletikbereich zusammenarbeiten?» Ich sagte sofort Ja.

* * *

Frühling 2002 im Berner Oberland: Sonnenstrahlen, milde Luft, passend zu meiner Vorfreude. Das erste Training mit Roli stand an, in einem Fitnesszentrum in Interlaken. Ich wollte zeigen, wie ernst es mir war und fuhr mit dem Velo von Meiringen nach Interlaken, rund 30 Kilometer. Ich war nicht so der Velofahrer und fühlte mich bei der Ankunft ziemlich erschöpft. Super Idee.

Das Fitnesscenter war in einer Parkgarage, im Untergeschoss. Ich schloss mein Velo ab und ging eine lange Rampe hinunter, durch ein Tor. Statt parkierter Autos standen hier Kraftgeräte. Es war alles sehr schlicht und funktional eingerichtet, ein Kraftraum, wie man ihn heute nicht mehr bauen würde, aber damals durchaus modern. Ich kam rein und sah als erstes einen Mann auf dem Veloergometer, mit einer Sauerstoffmaske, total beeindruckend für mich. Dann erblickte ich andere Athleten, die Roli betreute, er fing damals gerade an mit dem Aufbau seiner Tätigkeit als Trainingsexperte und betreute vor allem Skifahrer, weil er selber aus dem alpinen Skirennsport kommt. Andere Athleten aus Golf, Tennis und Schwingen waren die totalen Exoten.

Die Erschöpfung vom Velofahren verflog. Ich wollte zeigen, was ich leisten kann.

Wir begannen mit dem Training und nach der dritten Übung wurde mir hundsmiserabel elend. Ich war diese Art von Belastung nicht gewohnt, rannte zur Toilette, musste mich zweimal übergeben.

Ich kam zurück, Roli lachte.

Wir setzen uns mitten im Fitnesscenter auf die Bank eines Trainingsgeräts.

«Mätthel, was ist eigentlich dein Ziel?»

«Ich möchte auf dem Brünig schwingen. An den Jungschwingertagen fuhren wir oft am Brünig vorbei, Simon und ich. Und unsere Väter sagten immer: ‹Wenn ihr dort oben schwingen könnt, dann seid ihr richtig gute Schwinger. Aber bis dorthin müsst ihr noch ein paar Kartoffeln essen.› Ich möchte einmal einen Kranz gewinnen und am Brünigschwinget teilnehmen.»

«Ist das dein grösster Traum?»

«Naja...»

Roli sah mich an, schwieg einen Moment. Er überlegte.

«Nein, Mätthel, diese Ziele kannst du vergessen. In unserer Zusammenarbeit wird dein Ziel sein, der Beste zu werden. Hab den Mut, gross zu träumen.»

«Okay.»

Erster Sieg bei den Jungschwingern am Buebeschwinget in Muotathal 1995.
Foto: Heidi Glarner

«Welches ist das beste Schwinger-Alter?»

«Etwa mit 26, 27, 28.»

«Gut, lass mich kurz rechnen. Wir haben 2002, du bist 15. Dann sagen wir: Eidgenössisches 2013. Passt das?»

«Ja.»

«Dann hast du jetzt eine Vision.»

Wir trainierten weiter. Aber anders als vorher. Roli hatte schon begriffen, was er mit mir machen musste und ich war noch stärker bei der Sache.

Ich hatte nicht mehr nur einen diffusen Traum.

Ich hatte eine Vision.

* * *

Für das zweite Training ging ich wieder nach Interlaken, zu Roli nach Hause. Wir machten einen Laktattest auf einem Fahrradergometer in seinem Wohnzimmer. Aber ich hatte keine Veloschuhe. Also sass ich aufs Velo und Roli fixierte meine Turnschuhe mit Klebeband an den Pedalen. Dann musste ich loslegen.

Beim Ausfahren litt ich an Krämpfen, konnte wegen des Klebebands jedoch nicht von den Pedalen weg. Ich konnte die Beine nur strecken, wenn ich mich über den Lenker lehnte. So hing ich da über dem Lenker, schweisstriefend und mit schmerzverzerrtem Gesicht, schnaufte wie verrückt.

Roli lachte. Und rief als erstes seine beiden Söhne: «Kommt gucken, hier seht ihr einen mit einem Krampf!» Die Kinder amüsierten sich prächtig, erst dann schnitt Roli das Klebeband durch.

Seither besitze ich Veloschuhe.

Im dritten Training erkannte ich die Wichtigkeit der Vorbereitung: Wir trafen uns auf einer Rundbahn, 400 Meter lang, zum Konditionstraining. Ein Skifahrer war auch dabei, in seiner Sporttasche lagen zwei Paar Joggingschuhe, Regensachen, trockene Kleidung, Ergänzungsnahrung und ein Riegel. Ich stand daneben wie ein Amateur, trug Hallenturnschuhe und ein Paar kurze Hosen.

All das lehrte mich, wie man professionell trainiert. Dass auch die Vorbereitung auf ein Training professionell sein muss.

In dieser Zeit wurde ich langsam zum Leistungssportler.

Was Leistungssportlerinnen und Leistungssportler ausmacht, ist ihre Denkweise. In der Schweiz sind wir ja eher zurückhaltend mit unserem Streben: Schau ein bisschen links, schau ein bisschen rechts, sei ein bisschen besser als die anderen, aber nicht zu gut, sonst wird über dich geredet, aus Angst vor Neid und Eifersucht. Lieber nicht zu fest herausstechen. Die Mentalität der Masse.

Im Leistungssport reicht es nicht, sich nach links und rechts zu orientieren. Du versuchtest immer, voranzugehen und so gut zu sein wie nur möglich.

Hart trainieren können viele, gute körperliche Voraussetzungen haben einige, Talent ebenfalls, aber oft mangelt es am Mut für grosse Träume. Du musst den Mut haben, Ziele zu formulieren, bei denen andere denken: Was für ein Spinner! Erst wenn alles zusammenspielt, kann es klappen.

Seit dem Gespräch mit Roli traute ich mich, weit vorauszublicken.

Ich will an Details schleifen. Ich will nichts dem Zufall überlassen. Ich will das Maximum erreichen. Ich will der Beste sein.

Andere sprechen ihr Fernziel laut aus. Fabian Cancellara oder Roger Federer trauten sich, ihre Ambitionen früh mitzuteilen. Ich bin nicht der Typ dafür, und hatte ohnehin noch kein klar formuliertes Ziel. Ich wollte der Beste werden, vermied es aber, das Wort Schwingerkönig nur schon in meinen Gedanken zuzulassen. Ich getraute mich, grösser zu träumen und nicht nur einen Kranzgewinn oder eine Brünig-Teilnahme anzustreben. Aber wirklich an einen Königstitel zu denken, wäre mir zu viel gewesen. Und darüber zu reden sowieso. Mit 16 wäre es auch etwas grossmäulig gewesen, wenn ich schon über das Eidgenössische in elf Jahren gesprochen hätte, mit gerade mal zwei gewonnenen Gängen an einem Fest bei den Aktiven. Da hätte ich schnell Kritik gehört: «Du hast eine grosse Klappe, zeig mehr Demut.»

Ich trainierte diszipliniert, oft auch für mich im Kraftraum in Meiringen. Roli gab mir Blätter mit Trainingsprogrammen als Hausaufgaben. Ich hatte viel Selbstverantwortung, es funktionierte gut.

Auch andere aus meiner Altersklasse arbeiteten jetzt neben dem Schwingen mit Konditionstrainern zusammen. Unsere Generation entwickelte eine neue Herangehensweise an den Sport.

Meine Vision behielt ich für mich. Ich musste sie nicht aussprechen, um mit ihr verbunden zu sein.

Ich wusste, wohin ich will. Ahnte, was es dafür braucht. Und war bereit, den Weg mit aller Konsequenz zu gehen.

Wer das nicht hat, kommt ganz sicher nie zum Ziel.

Input vom Athletiktrainer Roli Fuchs

Wie kreiere ich meine Vision und skizziere den Weg dorthin?

Vision ausarbeiten:
Wenn einer mit einer Idee zu mir kommt, dann höre ich sie mir an und stelle Rückfragen. Wenn es zum Beispiel um eine Gewichtsabnahme geht, frage ich:

· Kennst du jemanden, der oder die so aussieht, wie du gerne aussehen würdest?
· Kannst du dir vorstellen, wie sich diese Person fühlt?

Das ist der erste Schritt. Die Frage nach den Gefühlen, klingt vielleicht seltsam. Aber es ist wichtig, dass man seine diffusen Vorstellungen von einem Ziel klarer umreisst. Dabei spüre ich manchmal raus, dass jemand sich nicht traut, gross zu träumen – und kann die Person dann etwas drauf rauflupfen.

Die Fragen können noch konkreter werden, das ist dann individuell. Sportlerinnen und Sportler mit hohen Ambitionen frage ich: Wie würde sich so ein Olympiasieg anfühlen? Wie riecht es, wenn du zuvorderst auf dem Podest stehst? Wie ist das, wenn du ganz viele Zuschauer vor dir hast? Wenn die Vision erst ein Farbtupfer im Kopf ist, braucht sie noch Ausgestaltung. Ich versuche mit meinen Fragen, die Vision auszumalen. Dann ist sie greifbarer. Und weil sich die Menschen Gefühle vorgestellt haben, wird die Vision noch lebendiger. Emotionen müssen immer integriert werden, sie sind der grösste Energieträger.

Es gibt eine Textpassage von Antoine de Saint-Exupéry, die sinngemäss besagt: «Du musst jemandem nicht erklären, wie er ein Segelboot baut. Du musst ihm die Sehnsucht zur Seefahrt beibringen.» Wenn man mit Emotionen arbeitet, kann man das innere Feuer entfachen und muss als Coach einfach immer mal wieder etwas Brennholz nachgeben.

Während der Zielsetzung muss man natürlich die Realisierbarkeit prüfen. Mit schlechten Grundvoraussetzungen sind manche Dinge unerreichbar, Genetik und Epigenetik lassen sich nicht aushebeln. Man kann aus einer Ackermähre kein Rennpferd machen – und man muss dann auch ehrlich sagen, was realistisch ist und was nicht.

Grundvoraussetzungen klären:
Die Vision steht. Nun folgt die Überlegung, wie man dahin gelangt. Das führt zu weiteren Fragen:
· Wie verhält sich die Person, die das erreicht hat, was du erreichen willst? Was macht sie gut?
· Bist du bereit, auch so viel zu machen? Oder sogar mehr?

Die bewunderte Person ist schon da vorne, wo du hinwillst. Sie wird sich weiter verbessern. Wenn du also aufschliessen oder sie überholen willst, musst du dasselbe leisten oder eher mehr.

Es kommt weniger häufig vor, dass Leute unrealistische Ziele haben. Viel öfter ist es so, dass sie sich realistische Ziele setzen, aber die Bereitschaft für eine konsequente Zielverfolgung fehlt. Drum sage ich immer: Du kannst alles erreichen – wenn du bereit bist, den Preis zu bezahlen.

Und dann kommt das Entscheidende: Du brauchst Freude am Weg. Es klingt pathetisch, aber der Weg muss das Ziel sein. Es braucht Freude an Verhaltensänderungen, denn nur wenn du ein Verhalten änderst, entstehen neue Gewohnheiten. Und nur mit neuen Gewohnheiten gibt es Weiterentwicklung.

Erfolge sind eigentlich das Abfallprodukt des Prozesses. Oder, etwas weniger abwertend formuliert: Du gehst deinen Weg, und unterwegs kannst du ab und zu Kirschen auflesen, Medaillen und so weiter. Aber den Weg musst du machen – und nur, wenn du ihn gerne machst, hast du die Energie, härtere Phasen durchzustehen.

Für Erfolg braucht es Leidenschaft und dieses Wort beinhaltet ja Leiden und Schaffen. Das heisst auch: verzichten und Prioritäten setzten.

Und: Du musst bereit sein, viel zu investieren ohne Garantie, dass etwas rausschaut.

Erfolg kann man nicht versprechen. Die Chancen auf Erfolg lassen sich aber stark erhöhen: mit einer superguten Vorbereitung. Eben dadurch, dass du den Preis zahlst.

Weg planen:
Am Anfang kommt die Basisarbeit. An den Basics arbeiten, bis zum Exzess, stetiges Perfektionieren – keep it simple and stupid. Wer das diszipliniert tut, legt das richtige Fundament. Viele wollen gleich zu Beginn überall schräubeln und justieren, dabei ist für Feinschliff später noch genügend Zeit. Ist die Grundlage gelegt, geht es weiter.

Manche wünschen sich vielleicht, dass sie eine Vision definieren und dann den Weg dahin exakt durchplanen können. Das funktioniert nicht. Ich arbeite oft mit langfristigen Zielen und sage offen: Es kann sein, dass wir uns zwischendurch verlaufen – es ist sogar sehr wahrscheinlich, dass uns das passiert. Versuch und Irrtum – so funktioniert es oft. Ich bin Lösungsfinder, nicht Problemsucher. Die Probleme kommen von allein, und dann ist es wichtig, einen individuell passenden Weg auszutüfteln.

Es gibt also nie eine gerade Linie ins Ziel. Unter anderem deshalb, weil wir nicht alle Parameter vorher kennen, weil das Leben immer wieder Überraschungen bereithält – negative wie positive. Wir selber und unsere Umstände, Bedürfnisse und unser Wissensstand werden sich im Verlauf des Prozesses mehrmals ändern; vielleicht nur minim, aber das hat trotzdem Auswirkungen. Viele Leute schreien nach einem Allgemeinrezept, aber es gibt keines. Der Mensch ist zu individuell und darum sind Irrwege und Umwege vorprogrammiert

Gerade wenn man zu den Allerbesten gehören will: Es bringt nichts, ausgetretenen Pfaden zu folgen. Wenn du zuvorderst sein willst, musst du selber spuren. Und dann läufst du auch mal falsch.

Zudem wissen wir nicht genau, was es braucht, um ein künftiges Ziel zu erreichen. Das ist das Spannende an der Arbeit eines Coachs: Ich muss beispielsweise überlegen, was es in vier Jahren braucht für einen Olympiasieg oder in drei Jahren für den Titel des Schwingerkönigs. Denn eine Gesetzmässigkeit im Sport besagt: Das, was jetzt ausreicht, genügt schon bald nicht mehr.

Erster Zweiggewinn am Jungschwingertag in Sigriswil 1995 zusammen mit meinem Cousin Simon Anderegg (links). Foto: Rolf Eicher

Vorwärts

Vom Hobby zum Leistungssport

Wer zu den Besten gehören will und Exzellenz anstrebt, muss vorangehen. Dabei lernt man sehr viel, zahlt aber auch Lehrgeld. Roli und ich probierten einfach aus, was uns interessant dünkte – und fielen immer wieder auf die Schnauze. Vor einem Schwingfest riet mir Roli zum Beispiel, ich solle Wasser mit ein wenig Salz und Zitronensaft mischen, das sei ein isotonisches Getränk. Ich probierte es aus: Das konnte man so nicht trinken.

Wir waren experimentierfreudig, ich vertraute Roli vollkommen, meine Eltern auch. Vielleicht war das am Anfang etwas naiv, denn ich konnte überhaupt noch nicht einschätzen, wie gross sein Fachwissen ist. In der Anfangszeit erhielt er keinen Rappen von mir, ich war ja in der Lehre und verdiente nicht viel. Er wollte einfach etwas zurückgeben.

Ich hatte grosses Glück, diese Unterstützung zu erhalten. Erst nach einigen Jahren zahlte ich dann die normalen Tarife wie alle anderen.

So sollte es eigentlich laufen im Schweizer Sport. Das Schweizer System funktioniert so: erst leisten, dann verdienen. Wenn du jung bist und noch nicht viel Geld hast, bekommst du nichts – erst, wenn du gut bist, kannst du dir Support holen. Die optimale Unterstützung brauchst du aber die ganze Karriere hindurch. Wenn du aber irgendwann mal Erfolg hast, kommen die Angebote sowie die finanziellen Möglichkeiten von selber.

* * *

Ich lernte ständig Neues, in der Anfangszeit besonders, aber auch später.

Roli gab mir schon früh einen wertvollen Tipp hinsichtlich meiner Ernährung: «Schau, dass dein Teller jeweils zu einem Viertel mit Gemüse und/oder Früchten gefüllt ist, der andere Viertel mit Fleisch und zur Hälfte mit Kohlenhydraten. So passt es nicht schlecht mit der Ernährungspyramide.»

Ich ernährte mich grundsätzlich sehr ausgewogen. Fixpunkt vor einem Fest waren meist Spaghetti Carbonara am Samstagmittag und am Abend Reis mit rotem Fleisch. Am Morgen des Wettkampfs konnte ich meist nur noch eine Honigschnitte und einen Kaffee runterwürgen. Während des Wettkampfs futterte ich Schoggi-Balisto, Biberli und Trockenfleisch und trank Kaffee oder Energydrinks. In der Trinkflasche war entweder Sirup oder Wasser und zum Mittagessen vertraute ich fast immer auf Reissalat mit Poulet. Während der Saison gönnte ich mir am Montag jeweils mein persönliches Cheat Meal, das heisst Pizza oder Pommes. Und das allerbeste nach einem harten Training war jeweils ein Cola Zero aus der Dose oder ein halber Liter Ovomaltine.

> «Mathi und seine Milch... Ich staunte immer darüber, dass er locker mehrmals täglich einen halben Liter Milch mit Schoggipulver trank.»
> Katrin Glarner, Schwester

Betreffend Ergänzungsnahrung war ich zurückhaltend. Während harter Phasen nahm ich höchstens einen Kohlenhydrat-Shake direkt nach dem Training. Was gar nie ging, waren Bananen vor oder während dem Sport – da musste ich sofort erbrechen.

Ja, mein Magen... Er rebellierte regelmässig, in Trainings und bei Wettkämpfen. Ich musste mich während meiner gesamten Karriere oft übergeben. Das hatte manchmal mit der Anspannung zu tun, oft aber auch damit, dass ich das angesammelte Laktat nicht schnell genug abbauen konnte.

Laktat ist, vereinfacht gesagt, ein Stoffwechselprodukt des Körpers. Es wird bei konstanter Anstrengung produziert. Wenn mehr Laktat produziert wird, als abgebaut werden kann, übersäuern die Muskeln und man wird sauer, müde. Und ich musste dann erbrechen.

Mit der Zeit tüftelte ich einige Tricks aus bei der Ernährung. Zum Frühstück ein Deziliter Milch und ein paar Cornflakes: passte. Ich hatte genug im Magen, um Leistung zu bringen, aber nicht so viel, um den Würgereflex zu stimulieren.

Ein erfolgreiches Rezept gegen meine Magenprobleme war letztlich die basische Ernährung.

* * *

Was ich auch lernte: verlieren. Und dabei die Emotionen im Griff zu haben.

Gefühlsausbrüche sind im Schwingen nicht geduldet. Trotzig beim Kampfrichtertischlein rumhüpfen, andere beschimpfen oder so – das geht einfach nicht. Beim ersten kleinen Ausraster von mir sagte ein Betreuer: «Geh hinter den nächsten Lastwagenanhänger und leb dich dort aus.» Und später, in grösseren Arenen vor mehreren Tausend Zuschauern, war auch klar, dass du dich zusammenreisst.

Jedem passiert mal ein Fehler, jeder macht Sachen, die er im Nachhinein bereut. Im Frust nach einer Niederlage oder einem Gestellten schüttelt man dem Gegner vielleicht allzu grob die Hand, das tut dir einige Minuten später schon wieder leid. Meistens gehst du in der Garderobe kurz hin, entschuldigst dich, und dann ist es vergessen.

Die Emotionskontrolle war ein intensiver Prozess für mich, aber ein essenzieller.

Ich frass viel Sägemehl, war wütend, frustriert, entmutigt, es brodelte in mir. Von aussen merkte man mir das nicht so an. Wenn ich mich wirklich aufregte, dann verschwand ich irgendwo, wollte allein sein und nicht reden. In all den Jahren meiner Karriere gab es vielleicht zehn Gefühlsausbrüche. Einmal flog ein Bidon weit weg, einige Male flossen die Tränen.

Es gab Augenblicke, da hasste ich den Sport.

Warum tue ich mir das nur an? Ich könnte einfach in die Badi oder sonst was unternehmen an einem schönen Sonntag.

Trotzdem überwog die Freude, bei weitem.

Im Schwingkeller konnte ich druckfrei meiner Leidenschaft nachgehen. An jedem Fest lernte ich dazu. Die Nichtkranzer-Feste schätzte ich besonders, sie waren wichtig für meine Entwicklung. Du fuhrst einfach hin und machtest deinen Wettkampf. Und wenn es in die Hosen ging, dann war das halt so.

Einmal ging im Schwingtraining etwas daneben: Ich kriegte einen Schlag aufs rechte Ohr, dieses schwoll danach stark an und schmerzte. Ich fuhr mit dem Fahrrad nach Hause und meine Mutter brachte mich ins Spital. Die Leute dort hatten aber keine Ahnung von Blumenkohlohren, wie sie in Kampfsportarten wie Schwingen oder Ringen gelegentlich vorkommen. Wenn die Ohrmuschel verletzt wird, können sich irreversible Verhärtungen bilden und das Ohr sieht dann deformiert aus, eben wie ein Blumenkohl.

Im Spital gab man mir nur entzündungshemmende Tabletten, die ich über Nacht nehmen sollte. Ich wies zwar mehrmals darauf hin, dass man bei solchen Verletzungen die Flüssigkeit mit einer Spritze herausziehen sollte, da sich schon nach etwa 30 Minuten die ersten Verhärtungen bilden – vergeblich, ich musste ohne Spritze heim. Seither habe ich ein leichtes Schwingerohr auf der rechten Seite.

Man sieht es schlecht, aber ich kann keine normalen Kopfhörerstöpsel mehr verwenden. Ich wusste: Wenn der Knorpel einmal gebrochen ist, vergrössert sich die Wahrscheinlichkeit weiterer Verletzungen. Zudem schmerzt so etwas ziemlich. Deshalb entschied ich mich, künftig einen Ohrenschutz zu tragen.

* * *

Mein erstes Etappenziel neben dem Dazulernen: einen Kranz schaffen.

Der Körper machte während der Pubertät sehr gut mit: Ich war relativ frühreif, wuchs innerhalb von drei Jahren rund 15 Zentimeter, ohne Gewichtszunahme. Auf einem Bild von der Konfirmation sehe ich fast kränklich aus – ich war fast so gross wie jetzt, 184 Zentimeter, und wog nur 85 Kilo.

Danach nahm ich dank Essen und Training wieder zu, konnte das Kampfgewicht kontinuierlich erhöhen. Andere Schwinger mussten regelrechte Mastorgien machen, mein Gewicht stieg auch so. Drei Jahre nach der Konfirmation war ich bei 110 Kilo. Das waren nicht alles Muskeln, es hatte ordentlich Babyspeck dabei.

Trotzdem musste ich lange auf den ersten Kranz hinarbeiten, 2002 fehlte mir mehrfach nur ein Viertelpunkt.

Ich war ungeduldig, aber alle rundherum sagten: «Du bist noch jung. Du hast noch Zeit.» Ich hörte diese Sätze immer und immer wieder als junger Schwinger, und drehte innerlich fast durch. Weil es mir in diesem Moment schlichtweg nichts brachte. Vor allem, weil die gleichaltrigen Kollegen zu dieser Zeit schon Kranzgewinne erreicht hatten.

Wir jungen Schwinger wurden damals sehr stark geprüft und an Festen auch gegen Eidgenossen eingeteilt. Wir wurden definitiv nicht geschont. Dieser Umstand hat sich in der heutigen Zeit stark verändert, die Jungen werden etwas weniger hart angepackt bei der Einteilung.

Jungschwingertag in Sigriswil 1997. Foto: Heidi Glarner

Trotzdem fand ich es gut so, wie es war. Denn wenn du einen Kranzgewinn realisieren konntest, wusstest du: Ich bin soweit.

Am Emmentalischen Schwingfest 2003 reichte es mir endlich in die Kranzränge.

Ich erkannte: Vor zwei Jahren hatte ich in Nyon in der grossen Arena gestanden und geglaubt, noch unglaublich weit weg zu sein von den anderen. Jetzt war ich Kranzschwinger. Die Teilnahme am Eidgenössischen in Luzern 2004 schien nicht mehr unerreichbar.

Nachdem der erste Kranz geschafft war, kam ich regelmässig in die Kranzränge.

Diese Entwicklung gab weitere Motivation und half beim Prioritäten setzen. Denn wer Leistungssport betreibt, muss Verzicht akzeptieren.

Das war vor allem in der Teenagerzeit nicht immer leicht. Die Ablenkung im Haslital war zwar nicht riesig, aber natürlich lockten ein paar Vergnügungen.

Ich war gewiss kein Engel, schlug natürlich ab und zu über die Stränge. Wenn Roli es im Nachhinein mitkriegte, hielt er den Zeigefinger hoch, guckte möglichst streng und sagte: «Reiss dich zusammen.»

Oft war ich am Samstagabend sowieso vom Wochenpensum viel zu kaputt, um noch irgendwohin zu gehen. Ein einziges Mal ging ich vor einem Schwingfest in den Ausgang bis um 1 Uhr nachts. Am nächsten Morgen fuhr mich Papa zum Wettkampf, ich war übermüdet, er stinksauer. Er sagte: «Wenn du das noch einmal machst, fahre ich dich nie mehr an ein Schwingfest. Entweder, du schwingst oder du gehst aus, aber nicht beides.» Ich wusste, was es geschlagen hatte und entschied mich ohne Zögern fürs Schwingen.

Erst wenn die Wettkampfsaison vorbei war, liess ich es auch mal krachen, besonders in der Altjahreswoche. Dann war ich ein ganz normaler Teenager.

In gewissen Momenten fühlte sich der Verzicht hart an. Aber er war komplett vergessen, wenn ich mir am Sonntagabend einen Kranz auf den Kopf setzen konnte oder einfach zufrieden war mit meinem Wettkampf.

Es gibt viele Menschen, die zwar ganz gross träumen aber nicht dementsprechend leben. Für mich ging das einher. Du musst bereit sein, den Preis zu bezahlen. Gross träumen und einmal in der Woche ins Training zu gehen, reicht nicht.

Es half sicher, dass Schwingen im Haslital eine hohe Anerkennung genoss. Als Schwinger zählte man zu den Coolen, weil die Sportart angesehen war und weil sich niemand getraute, einen anzupöbeln. Ich hatte nie das Gefühl, ausgeschlossen zu sein. Viele Jugendliche in meinem Alter hatten ein sportliches Hobby. Einige Kollegen fuhren gut Ski, ein grosser Teil der Meiringer Jugend spielte Fussball, viele Mädchen waren im Geräteturnen oder in der Jugendriege. Mein Cousin Simon und ich waren im Schwingklub, meine Geschwister trainierten auch engagiert – es drehte sich alles um Sport, viele im Umfeld kannten Verzicht. Das gab mir Halt.

Manche Kollegschaften brachen halt irgendwann weg, da war ich recht gleichgültig. Ausgang, Kino und so weiter plante ich lieber mit den Leuten, die meine Lebensweise entweder teilten oder akzeptierten.

> «Er war schon sehr fokussiert. Wenn er Training oder ein Schwingfest hatte, dann wurde das durchgezogen – egal, was andere Tolles geplant oder organisiert hatten. Die engen Kollegen verstanden das.»
> Stefan Glarner, Bruder

Aufhören wegen anderer Verlockungen war also nie ein Thema.

Auch nicht, als die Belastung von Beruf und Sport immer höher wurde.

* * *

Mein Alltag war recht vollgepackt: drei Tage im Lehrbetrieb, zweimal in der Woche in der Berufsschule, drei Abende mit Schwingtraining und an den anderen Abenden sonstige Trainings und Hausaufgaben. Ich ging oft morgens um Viertel vor sechs aus dem Haus und kam abends um halb elf nach Hause. Am Wochenende dann die Wettkämpfe.

Meine Eltern fuhren mich immer in die Trainings. Sie boten uns Kindern bei den Hobbys volle Unterstützung, aber ihre Regel lautete: Die Ausbildung hat Priorität und muss abgeschlossen werden. Die restliche Zeit durften wir nach unseren Bedürfnissen gestalten.

Wir alle hielten uns daran.

Ich hätte aber auch jederzeit stoppen dürfen mit dem Schwingen. Deshalb war mein Alltag zwar streng, aber druckfrei. Selbstbestimmt.

Viele Leute fragten meine Eltern im Nachhinein nach einem Erfolgsrezept, weil gleich alle drei Kinder Leistungssportler wurden. Ich glaube, das ist der falsche Ansatz. Ob im Sport, beim Lernen eines Musikinstruments, beim Schauspielern oder was auch immer: Kinder brauchen einfach ein Hobby, das sie erfüllt neben dem Alltag. Ermöglichen und unterstützen reicht, der Rest ergibt sich. Motivation kannst du nicht erzwingen. Und ob es dann irgendwann zum Weltklasseniveau reicht, ist zusätzlich abhängig von diversen anderen Faktoren.

Das Erfolgsrezept meiner Eltern: Leidenschaft weitergeben und dabei unterstützen.

Die Lehre gefiel mir, ich lernte Neues. Mein Lehrmeister war sehr streng und fordernd, das brachte mich auch menschlich weiter. Am Montag nach einem Schwingfest musste ich ganz normal antraben, egal wie streng der Wettkampftag gewesen war. Andere Schwinger durften ein paar Stunden später in ihrem Lehrbetrieb auftauchen. Aber weil ich zusätzlich die Berufsmatur machte, hatte ich ein ausgefülltes Pensum: ein Tag Berufsmatur-Unterricht, ein Tag Gewerbeschule und drei Tage arbeiten. Deshalb verlangte der Lehrmeister von mir maximale Einsatzbereitschaft.

Die vier Jahre waren intensiv.

> «Mattias hatte das Zimmer neben unserem Schlafzimmer. Ich sah an der Decke einen Lichtschein, wenn er noch wach war – oft bis morgens um 1, weil er noch lernte. Es war ein Spagat.»
> Heidi Glarner, Mutter.

Rückblickend würde ich zu mir selber sagen: Lass dir mehr Zeit. Mach zuerst die Lehre und häng dann die Berufsmatur in zwei Jahren an. Heute wird bei jungen Sportlerinnen und Sportlern mehr darauf geachtet, dass die aussersportlichen Belastungen nicht zu hoch sind. Aber zu meiner Zeit waren solche Ideen noch weit weg, weil Schwingen nur als Hobby galt.

Es ist gut so, wie es ist. Ich lernte in dieser Zeit nämlich etwas Wichtiges: Kompromisse eingehen. Ich wägte ab, wie viel Leistung es brauchte, um die Berufsmatur zu schaffen. Ich wollte weiterhin trainieren und Kränze gewinnen, musste dafür aber auch genügend schlafen. Also hiess es: So viel schulisches Engagement wie nötig, aber so wenig wie möglich.

Die Entscheidung war nicht leicht, ich bibberte schon ein wenig, ob das aufgeht. Aber ich hatte keine Wahl.

Als Sportler musst du relativ schnell erwachsen werden - das ist nicht nur eine Floskel. Du musst deine Zukunft selber in die Hand nehmen, verschiedene Anforderungen kombinieren: die Forderungen deiner Eltern und Vorgesetzten und die Ansprüche deiner Trainer. Du musst Selbstverantwortung tragen.

$$* * *$$

Ich war nicht der einzige junge Schwinger, der sehr viel investierte in den Sport. Meine Alterskollegen Matthias Sempach, Christian Stucki, Matthias Siegenthaler, Willy Graber, Thomas Sempach und noch etwa zehn weiteren Schwingern gelang der Wechsel zu den Aktiven sehr gut. Weil die alte, dominante Garde aufgehört hatte, übernahmen wir Jungen eine Art Leaderrolle, viel zu jung eigentlich. Es war schade, dass wir im Training nicht mit Königen Mass nehmen konnten. Beim regelmässigen Training mit den Allerbesten merkst du genau, wie weit du noch entfernt bist, wo du hinmusst. Und du siehst die kleinen Fortschritte viel mehr.

Oberländisches Schwingfest in Grindelwald 2003 zusammen mit meinem Cousin Simon Anderegg (rechts) und Onkel Andreas Anderegg. Foto: Heidi Glarner

Diese Erfahrung fehlte uns. Aber wir schwangen seit Beginn gegeneinander, jeden Sonntag, und pushten uns schon als Jungschwinger zu Höchstleistungen. Es sprangen dann auch nicht viele ab beim Wechsel zu den Aktiven.

Es war die Zeit der starken Nordostschweizer, Jörg Abderhalden, Arnold Forrer, Stefan Fausch und Co. Wir Berner kamen bei Aufeinandertreffen jeweils ziemlich unter die Räder. Trotzdem herrschte eine gute Dynamik, eine Art Aufbruchstimmung.

Wir spornten uns gegenseitig an, machten uns stärker. Wenn die einen beim Wettkampf filmten, dann machten die anderen das beim nächsten Mal auch. Wir filmten, analysierten, massen uns miteinander. In dieser Zeit ist bei allen die Siegermentalität entstanden, die die Berner dann später auszeichnete.

Für mich war sehr wichtig, dass ich mit Simon trainieren konnte. Ich kenne ihn seit seiner Geburt, er ist ein halbes Jahr jünger als ich. Zwischen uns besteht ein blindes Vertrauen und totales Verständnis. Er machte mich stark und umgekehrt. Unser Austausch ist intensiv, total direkt, keiner muss überlegen, was er sagt.

«Wir zwei sind immer mit wenigen Worten ausgekommen. Und wir hatten eine ähnliche Einstellung. Wenn wir zusammen schwangen, war klar: Wenn der andere noch nicht sagt, es sei gut, dann konnte man noch optimieren. Und wenn sich ein Schwung gegen den anderen gut angefühlt hatte, dann passte es auch im Kampf mit anderen.»
Simon Anderegg, Cousin

* * *

Unsere Generation preschte also vorwärts, viele schafften sich ein professionelleres Umfeld. Ich wollte stets mit Roli weiterarbeiten. Er gab den Startschuss in den Leistungssport, ihm vertraute ich hundertprozentig. Am Anfang war er meine einzige Option, weil niemand anders da war. Dann war er die praktischste Option, weil wir schon so gut eingestimmt waren. Und rückblickend gesehen war er auch die beste Option.

> «Ein respektvoller, ehrlich Umgang ist zwingend, um vorwärts zu kommen. Man muss sich etwas sagen können, bei dem der andere vielleicht böse wird, aber am Schluss verzeiht man sich wieder.»
> Roli Fuchs, Athletiktrainer.

Roli war mein Sprungbrett für alles, was danach kam.

In den 18 Jahren seit dem ersten Aufeinandertreffen fand so viel Entwicklung statt. Ich weiss nicht, wie er das immer wieder schaffte, dieses stetige Vorausdenken, Tüfteln und Weiterentwickeln. Er ist ein Getriebener, steckt voller Leidenschaft. Das hat mich all die Jahre bei ihm gehalten.

> «Für mich war immer klar: Diese Zeit investiere ich nur für einen, der wirklich König werden kann.»
> Roli Fuchs, Athletiktrainer

Es war wichtig, dass es mit Roli anfing. Wenn du schwingen willst, musst du erst mal hart arbeiten, und dabei half er mir. Das ganze restliche Betreuungsumfeld entstand erst viel später.

Das ist etwas, was heute viele falsch machen: Sie arrangieren ein super Umfeld und vergessen, dass sie zuerst mal hart arbeiten müssen. Wenn mich Eltern von Teenagern bitten, ihnen eine Sportpsychologin oder einen Mentalcoach zu empfehlen, dann dünkt mich das falsch. Nur weil jemand einen Gang verloren oder im Slalom eingefädelt hat, muss man das nicht grad mit einer Fachperson thematisieren. Du musst zuerst richtig hart arbeiten. Sportpsychologie oder Ernährungsberatung sind nur Trumpfkarten. Die kannst du ziehen, wenn die harte Arbeit getan ist und du trotzdem noch irgendwo anstehst.

Im Sport spricht man von Leistungsreserven. Wenn du mit 14 schon total ausgelaugt bist und es trotz harter Arbeit nicht ins nächste Kader schaffst, dann ist die Reserve aufgebraucht, dann kannst du es eh vergessen. Andere kommen dank Talent relativ weit, ohne viel getan zu haben. Das ist ein Vorteil, weil die Leistungsreserven noch gross sind. Es ist also ein individuelles Abwägen. Aber das professionellste Umfeld bringt dich nicht weiter, wenn die Bereitschaft zu harter Arbeit fehlt. Das hören manche Eltern nicht so gern.

Ratschläge gebe ich aber nur denen, die konkret danach fragen. Ich bin immer sehr offen, wenn junge Schwinger mich um Tipps bitten, erzähle von meinen Erfahrungen, auch von Misslungenem. Wenn Junge Leistungssport betreiben wollen und ehrgeizig und fleissig sind, dann haben sie es auch verdient, dass man ihnen hilft. Aber ich rate ihnen immer, auch ihre individuellen Bedürfnisse und Ansichten einzubeziehen.

Mein Weg ist nicht der einzig richtige.

Jung und wild

Luzern 2004 bis Aarau 2007

Ich stand im Inneren einer riesigen Arena, verspürte ein Kribbeln, genau wie vor drei Jahren. Damals hatte ich abends das Stadion in Nyon bestaunt, ehrfürchtig. Jetzt blickte ich frühmorgens in Luzern um mich, vorfreudig.

Das Eidgenössische Schwing- und Älplerfest in Luzern begann in diesen Minuten – und ich war tatsächlich dabei, als Sportler statt nur als Zuschauer.

Zwischen der Zuschauertribüne und den Sägemehlringen befand sich eine grosse sechseckige Fläche aus blau eingefärbten Steinen, total eindrücklich. Luzern 2004 war in vielerlei Hinsicht wegweisend: Erstmals übertrug das Schweizer Fernsehen zwei Tage lang live. Erstmals wurde offiziell eine Art Volksfest aus dem Anlass, es gab eine Partymeile und einen Zeltplatz.

Und mir zeigte dieses Fest auf, wo ich stand.

Ich war 18, ungestüm, und teilweise sehr unreflektiert. Viele Überlegungen hatte ich mir im Vorfeld nicht gemacht. Ich wollte ans Eidgenössische, erreichte die dafür erforderlichen Zielsetzungen, wurde selektioniert und freute mich auf dieses Abenteuer.

Alle hatten mir geraten, ich solle den Auftritt geniessen und einfach mein Bestes geben. Weil der Wettkampfmodus immer mal wieder einen Cut vorsieht, rechnen viele Neulinge nicht damit, acht Gänge absolvieren zu können. Manche Teilnehmer werden nach vier Gängen aussortiert, manche nach sechs Gängen, ich wollte es nehmen, wie es kommt und studierte nicht an Szenarien herum.

Wir Berner zählten ohnehin nicht zu den Favoriten. Hauptsache, dabei sein, sagte ich mir.

Im Nachhinein ein riesengrosser Fehler.

Auch eine Dummheit: mich auf ein Experiment einzulassen, just am Fest der Feste. Roli hatte mir einen isotonischen Drink aus Wasser mit Salz und Zitronensaft empfohlen. Ich mixte das Ganze erst in Luzern und merkte: ungeniessbar. Sehr unpassend, an einem solchen Anlass sowas zu probieren. Aber auch das war ein Lernprozess.

Der Wettkampf startete nicht schlecht, ich stellte gegen Manuel Strupler und gewann gegen Claudio Lanicca und Remo Büchler. Gegen den Eidgenossen Ruedi Odermatt konnte ich lange standhalten, aber kurz vor Ablauf der Zeit bodigte er mich, eine ärgerliche Niederlage. Trotzdem hatte ich genügend Punkte, um weiterzukommen und auch am zweiten Tag ins Sägemehl zu stehen.

Mein Sonntagmorgen begann toll, ich schwang unbeschwert, gewann gegen Andi Imhof und Roger Schenk. Jemand sagte zu mir, dass ich jetzt Chancen hätte auf den Kranz.

Der Kranz!

Dieses eidgenössische Eichenlaub, das es nur alle drei Jahre gibt, das nur ein kleiner Prozentsatz aller Teilnehmer erhält. Wer es erschwingt, darf sich nachher Eidgenoss nennen, ist ein Böser.

Vielleicht hatten mich die erfahrenen Kollegen im Vorfeld etwas unterschätzt und mir deshalb geraten, das Fest einfach zu geniessen, ohne Ambitionen. Vielleicht überschätzten wir Berner generell die Gegner aus anderen Teilverbänden. Die Situation in unserem Teilverband war ohnehin etwas speziell, weil die alte Generation die Schwinghosen an den Nagel gehängt hatte und es zwar viele Junge wie mich gab, aber recht wenige Athleten zwischendrin. Uns fehlten also nicht nur Kämpfer und Sparringpartner auf höchstem Niveau, sondern an Wettkämpfen auch die Breite. 2003 zum Beispiel hatten nur vier Berner einen Brünig-Kranz gewonnen – heute wäre das eine Schmach.

Wie auch immer: In meiner Generation konnten einige in Luzern um den Kranz schwingen. Einige wurden durch diese Gelegenheit angespornt. Andere eher ausgeknockt. Ich zum Beispiel.

Im Duell gegen Roger Schenk am Eidgenössischen Schwingfest in Luzern 2004.
Foto: Sandra Joder

Die Erkenntnis, dass ich um einen Kranz kämpfen konnte, war wie eine gigantische Ohrfeige, haute mich fast um. Ich hatte mich in der Vorbereitung schlicht nicht damit befasst, wie man um einen Eidgenössischen Kranz kämpft.

Eine Betreuung gab es damals nicht, wir Jungen sollten einfach unsere eigenen Erfahrungen machen. Und so machte ich im siebten und achten Gang alles falsch, was man falsch machen kann.

Zuerst kämpfte ich gegen Edi Kündig. Ich war total defensiv, wollte auf keinen Fall verlieren und dadurch meine Chancen auf den Kranz verspielen. Die komplett falsche Taktik, der Gang endete gestellt.

Im letzten Gang gegen Remo Holdener war ich dann mental blockiert und körperlich wie erstarrt. Ich traute mich nicht, irgendein Risiko einzugehen, und mit dieser Einstellung sollte man niemals in einen Gang gehen. Ich stand im Sägemehlring, klammerte mich am Gegner fest. Er legte mich zwei oder drei Mal ab, bis ich richtig im Sägemehl lag. Ende der Geschichte.

Die Chance auf den Kranz war versaut – ich verpasste ihn um 0.75 Punkte.

Andere aus meinem Jahrgang bewiesen bessere Nerven: Die Berner Christian Stucki und Thomas Sempach und der Nordwestschweizer Mario Thürig schafften es in die Kranzränge. Aber es gab auch einige, die wie ich an dieser Hürde scheiterten.

Die ersten Minuten nach dem achten Gang waren nicht schön. Ich war frustriert und malte mir aus, was mit etwas mehr mentaler Vorbereitung vielleicht möglich gewesen wäre. Meine innere Wutrede merkte man mir von aussen wohl kaum an. Ich zog mich kurz zurück und lasse meinen Ärger generell nicht an anderen aus.

> «Ich kann mich nicht erinnern, dass er irgendwann mal sehr gereizt war.»
> Stefan Glarner, Bruder

Die Rangverkündigung machte wenig Freude. Alle Schwinger, die acht Gänge absolviert hatten, mussten ins Stadion einlaufen – auch die, die den Kranz verpasst hatten. In Viererreihen marschierten zuerst die Kranzgewinner, zuvorderst der Schwingerkönig Jörg Abderhalden. Und gefühlte fünf Kilometer weiter hinten kamen dann wir, die Teilnehmer ohne Kranz. Ich empfand das als unnötig, eine Vorführung der Verlierer. Neben mir stand ein Eidgenosse, total im Elend, weil er den Kranz verpasst hatte. Ich schaute rüber zu den Kranzgewinnern und schwor mir, dass ich eines Tages auch auf der Gewinnerseite stehen würde.

Trotzdem schwappen bald optimistische Emotionen über die Enttäuschung. Ich beschloss, etwas Positives aus dieser Erfahrung mitzunehmen. Eigentlich hatte ich meine Erwartungen mehr als übertroffen. Und wenn ich mir die Kranzgewinner vor Augen führte, sah ich mich leistungsmässig nicht mehr so weit weg von ihnen.

Ich hatte vieles falsch gemacht in Luzern – und wenn ich heute zurückdenke, ärgert mich das manchmal noch. Aber ich hatte auch erkannt, was drin liegen könnte mit der richtigen Vorbereitung.

Dann reiste ich nach Hause. Im Gepäck etwas aus dem Gabentempel, ein Holzständer mit einem Glockenspiel, und eine immense Ladung Motivation.

* * *

Meine sportliche Entwicklung nahm immer mehr Fahrt auf. Nach dem Lehrabschluss 2005 absolvierte ich die Rekrutenschule. Auch wenn ich noch nicht in den Genuss einer Spitzensport-RS kam, so waren die Wochen als Panzergrenadier-Besatzer für meinen Körper doch ein hervorragendes Training.

In den ersten Wochen der RS durfte ich während des Ausgangs nicht ins Schwingtraining, und zwar wegen einer typisch militärischen Regelauslegung: Das Ausgangsrayon der RS wurde mit einem Zirkel abgesteckt, Ausgangsplatz Waffenplatz Thun. Die Lachenhalle, wo mein Schwingtraining stattfand, lag 200 Meter ausserhalb des Ausgangsrayons.

Trotz null Training absolvierte ich an den freien Wochenenden Wettkämpfe und schaffte am Mittelländischen in Wattenwil den ersten Kranzfestsieg. Am Montag nach diesem Sieg war ich auf der Titelseite der Berner Zeitung. Der Kadi gratulierte mir am Morgen am HV vor allen – und ab diesem Zeitpunkt durfte ich immer ins Training und an Schwingfeste gehen. Falls ich den Kranz verpasst hätte, hätte ich den Kadi aber wie bei Asterix & Obelix auf einem Schild über den Waffenplatz tragen müssen.

2006 konnte ich am Unspunnen-Schwinget teilnehmen, gehörte folglich zu den besten 30 Bernern. Das Fest lief nicht so gut, ich hatte zwei Siege, zwei Gestellte und zwei Niederlagen. Ich nahm eine Standuhr nach Hause als Andenken. Natürlich war ich frustriert, aber ich wusste: Ich bin auf dem richtigen Weg.

* * *

Young, wild and free – so fühlte ich mich auch am Eidgenössischen 2007 in Aarau. Ich hatte aus der Erfahrung von Luzern gelernt und mich geistig besser vorbereitet. Und trotzdem war ich erst 21 und noch nicht so verkopft. Ich wollte schwingen, im Sägemehl meinen Spass haben. Wieder waren wir Berner nicht die Favoriten, der Druck war dementsprechend niedrig. Und ich war topfit.

> «Mätthel schaffte es oft, genau auf den Punkt parat zu sein. Sein Trainingsfleiss half sicher dabei. Ich war eigentlich immer schneller als er, sehr viel schneller. Aber beim Einlaufen in Aarau rannte er mir plötzlich davon. Da wusste ich: Der hat nochmals ordentlich einen draufgelegt.» Simon Anderegg, Cousin

Erster Eidgenössischer Kranz am Eidgenössischen Schwingfest in Aarau 2007.
Foto: Heidi Glarner

Nach zwei Gängen hatte ich 20 Punkte auf dem Konto, dank zwei erkämpften Siegen gegen den Eidgenossen Damian Zurfluh und Othmar Camenzind. Eine gute Ausgangslage.

Dann musste ich gegen Jörg Abderhalden ran, unser erstes Duell – es blieb unser einziges. Ich hatte keine grossen Hoffnungen für diesen Gang, Jörg war schliesslich der Roger Federer des Schwingens. Und trotzdem war ich dann baff über die Grösse unseres Leistungsunterschieds. Ich besass null Chancen, er konnte mit mir machen, was er wollte. Ich lag nach einem einzigen Zug schon am Boden. Und obwohl er unter Druck war, liess er mich davonkriechen. Er wollte mich nicht mit Bodenarbeit besiegen und dafür nur 9.75 Punkte erhalten, er suchte die Maximalnote 10. Beim zweiten Zusammengriff wurde es ihm dann zu blöd, er wirbelte mich einfach durch die Luft und legte mich rücklings ins Sägemehl.

Ich war zwar ein guter Schwinger, aber noch nicht reif für so ein Duell. Die Topcracks aus der Ostschweiz waren für uns Berner damals wie von einem anderen Stern und Jörg war der beste Schwinger, gegen den ich je einen Gang absolvierte, ein extrem kompletter Athlet.

Die Niederlage dämpfte meine Motivation allerdings kein bisschen. Meinen letzten Gang am Samstag gewann ich, wischte Markus Koller das Sägemehl vom Rücken.

Der Sonntagmorgen begann mit einem beklemmenden Gefühl. Mein Gegner Andreas Gasser stand mir gegenüber, mit Tränen in den Augen. Sein Klubkollege Peter Gasser hatte am Samstag ebenfalls in Luzern geschwungen, verstarb am späten Nachmittag jedoch an einem Herzversagen. In solchen Momenten rückt der Sport in den Hintergrund, und trotzdem mussten wir kämpfen. Es war ein emotional schwieriger Gang; als Meiringer kennt man die Schwinger aus Lungern. Ich gewann, aber zum Jubeln war mir nicht.

Im sechsten Gang wartete wieder ein Böser auf mich, der Eidgenosse Stefan Zbinden. Es war nicht unser erstes Aufeinandertreffen dieses Jahr, ich hatte ihn einige Wochen zuvor besiegt. Trotzdem riskierte ich zu wenig gegen ihn, es endete mit einem Gestellten. Mit einem Sieg hätte ich um den Schlussgang schwingen können – aber um zu siegen, muss man etwas wagen. Ich machte genau denselben Fehler wie 2004 in Luzern im siebten Gang. Anfangs war ich masslos verärgert über mein defensives Verhalten, konnte es mir rückblickend gar nicht mehr erklären.

Aber der Fokus war schnell wieder bei den nächsten Kämpfen, und die klappten wunschgemäss: Im siebten Gang gewann ich gegen den Eidgenossen Philipp Edi, im achten Gang gegen Ady Tschümperlin.

Ich hatte nicht nur den Eidgenössischen Kranz, ich war im vierten Schlussrang, ebenso wie Christian Stucki – wir waren die zwei besten Berner.

Ich durfte diesmal bei der Rangverkündigung in der vorderen Viererreihe in die Arena spazieren, zusammen mit den ganz Grossen, voraus der nun dreifache Schwingerkönig Jörg Abderhalden, dann dahinter Nöldi Forrer, Martin Grab, Stefan Fausch, und so weiter. Viele mit Rang und Namen – und ich. Vor drei Jahren hatte ich mir geschworen, einmal auf der Gewinnerseite zu stehen. Nun war das schon geschafft.

Es gab einen Lebendpreis, ein Rind. Ich nahm den entsprechenden Geldwert. Ich traute mich fast nicht, das Couvert auszupacken, so ehrfürchtig war ich. In der Folgewoche musste ich das Couvert dann aber zur Post bringen, und dort eine Steuerrate einzahlen. Das fand ich dann weniger schön.

Viel wichtiger als das Geld war aber die Erkenntnis, dass ich meiner Vision schon etwas nähergekommen war. Der Beste zu sein, schien nicht mehr so weithergeholt wie damals, als ich mit Roli auf dem Bänkchen sass und er mich ermutigte, gross zu träumen.

Ich wusste genau: Die besten Jahre einer Schwingerlaufbahn kommen noch. Und spürte, dass ich Potenzial besass, dass ich noch längst nicht austrainiert war, dass mental und ernährungstechnisch Optimierungsmöglichkeiten bestanden.

> «Jedes Mal nach diesen Wettkämpfen kam er noch viel motivierter zurück. Er merkte: Der Preis, den ich jetzt zahle, reicht noch nicht. Es war wie bei einem Auto, wenn man den nächsten Gang einlegen kann. Mit jedem Fest, wo es noch nicht optimal lief, verschrieb er sich mehr der Vision.»
> Roli Fuchs, Athletiktrainer

Ich träumte weiterhin nicht vom Königstitel, wollte dieses Wort gar nicht in den Mund nehmen, sondern strebte nach dem perfekten Gefühl.

Das Fest in Aarau hatte sich durchwegs gut angefühlt, vom Einlaufen frühmorgens ins Stadion bis zu den Kämpfen unter dem Jubel der Berner Tribüne. Alles gab mir Energie, ich konnte sie aufsaugen und ins Sägemehl bringen. Und dann, am Schluss: der rauschähnliche Zustand, als die Zufriedenheit über die eigene Leistung so gross war, dass die Glücksgefühle den gesamten Körper ausfüllten. Genau das wollte ich wieder erleben, noch intensiver, wollte noch zufriedener mit mir sein.

Das Eidgenössische in Nyon hatte meinen Appetit angeregt, die Teilnahme am ESAF Luzern hatte den Gaumen gekitzelt – und in Aarau wurde nun der Hunger geweckt. Die Lust auf etwas ganz Grosses.

Input vom Athletiktrainer Roli Fuchs

Was tun bei kleineren Rückschlägen?

Wenn etwas nicht geklappt hat wie erhofft, dann rate ich:
- Sei ehrlich zu dir selber. Was hast du dir vorgenommen? Was ging nicht auf? Was klappte gut?
- Reflektiere dich. Was hast du zuvor geleistet? Was könntest du noch besser machen? Oft muss man nicht tief schürfen, um Punkte zu finden, wo man noch ansetzen und verbessern kann.
- Gib Gas. Arbeite hart und mit Begeisterung. Wenn du Freude am Prozess entwickelst, wird das Endergebnis irgendwann sekundär. Dann musst du bei einem Rückschlag nicht frustriert zurückschauen, sondern weisst, dass du deinen Weg gemacht hast.

Rückschläge sind wichtig fürs Weiterkommen. Darum sage ich immer: Du musst zuerst laufen, bevor du rennst. Gewisse Zwischenschritte kannst du nicht überspringen.

Fehler und Krisen kommen sowieso – es kommt wirklich drauf an, was du damit machst. Ob du die Möglichkeit in Betracht ziehst, dass sie dich stärker machen. Lässt du einen einmaligen Fehler über dein Leben entscheiden oder versuchst du, weiterzugehen und nochmals alles zu geben? Es gibt immer einen leichteren Weg. Die Frage ist: Was willst du versuchen und was willst du dafür geben? Ich relativiere manchmal auch, und frage ketzerisch: Ist das eine Krise, wenn man im Sport ab und zu auf den Deckel kriegt? Das gehört doch einfach dazu.

Das Aushalten von Fehlern und Rückschlägen ist ein Lernprozess. Nur wer ihn durchmacht und merkt, dass man das übersteht, der kann auch Dinge ausprobieren und riskieren.

Als Jugendlicher habe ich jeweils versucht, mich rauszureden, wenn ich einen Seich gemacht hatte. Im Militär lernte ich, zu meinen Fehlern zu stehen. Jetzt sage ich ab und zu: Sorry, ich war auf dem Holzweg. Ein Coach, der Fehler zugibt, erhält tieferes Vertrauen als einer, der immer den Allwissenden und Unfehlbaren markiert.

Training bedeutet: Ist-Zustand bestimmen, Soll-Zustand definieren und den Weg dahin skizzieren. Dann den Weg machen, reflektieren, zurückgehen, positive Dinge daraus nehmen, die Erkenntnisse daraus auf den nächsten Weg anwenden. Immer und immer wieder. Ohne Ehrlichkeit und Selbstreflexion funktioniert dieser Loop nicht.

Manchmal muss man auch das Mindset wechseln wenn man merkt: Jetzt mag ich so nicht mehr. Dann hilft eine tiefere Reflexion. Denn teilweise erleidet man immer wieder Rückschläge, weil man nicht ehrlich zu sich ist. Weil man sich nicht eingesteht, dass das Ziel nicht mehr verlockend ist oder die Leidensbereitschaft nicht mehr gross genug.

Nur wer ehrlich zu sich ist, kann das Optimum rausholen. Und kann ohne Angst vor Fehlern aus seiner Komfortzone raus.

Und sogar wenn etwas funktioniert, kannst du nicht ewig dabei bleiben, sonst droht Stagnation. Je öfter man die Komfortzone verlässt, desto geringer wird die Angst vor den Konsequenzen. Weil man schon Positives und Negatives erlebte und lernte: Es geht trotz allem weiter.

Legales Doping

Ausbildung und Arbeit als Ausgleich

Wenn mein Bruder Stefan früher gefragt wurde, was er macht, sagte er: «Fussballprofi.» Keine weiteren Fragen. Und wenn man mich fragte, sagte ich: «Schwingen und Sportwissenschaft studieren.» Dann folgte unweigerlich: «Und arbeiten tust du nichts?»

Schwingen ist noch heute ein Amateursport, aber viele Spitzenschwinger arbeiten mittlerweile Teilzeit. In meiner Jugendzeit war das noch nicht etabliert. Weil das mediale Interesse an unserem Sport geringer war als heute, gab es wenige Sportler-Porträts – wir wussten also kaum, wie Athleten ausserhalb des eigenen Teilverbandes trainierten und lebten. Vielleicht arbeitete damals schon der eine oder andere während der Vorbereitung auf ein Eidgenössisches in einem reduzierten Pensum, aber nach aussen getragen wurde sowas nicht.

Aussenstehende hatten ohnehin keine Ahnung vom Zeitaufwand, den diese Sportart mit sich bringt.

> «Für mich war es beeindruckend, wie viel er leistete, von den Trainingsumfängen her und mit den Tätigkeiten neben dem Sport. Von aussen erkennt man vielleicht nicht, wie viel Schwinger trainieren. In der Familie schon. Entsprechend waren wir traurig für ihn, wenn es mal nicht lief. Oder wütend, wenn Zuschauer blöde Sprüche machten und behaupteten, gewisse Schwinger müssten sich mehr anstrengen.»
> Katrin Glarner, Schwester.

Es ist bis heute so: Die wenigsten Menschen wissen, wieviel ein Spitzenschwinger investiert, um zu den Besten zu gehören.

In meinen Anfangsjahren als Leistungssportler konnte man keine Sponsoren haben im Schwingen und während meiner Lehre als Polymechaniker fragte ich mich, wie sich trotzdem mit Sport Geld verdienen liesse. Mein Athletiktrainer Roli Fuchs erzählte mir vom Sportstudium, das er auch absolviert hatte – ich war Feuer und Flamme.

> «Er ist wirklich ein Bewegungstalent. Darum riet ich ihm zum Sportstudium. Viele Schwinger sind sportlich sehr eindimensional, machen in anderen Disziplinen keine gute Figur.»
> Roli Fuchs, Athletiktrainer

Den ganzen Tag mit Sport zu tun haben, das war für mich eine traumhafte Vorstellung. Es klang verlockender als ein Beruf im technischen Bereich. Mit meiner Berufsmatur hätte ich Maschinenbau oder Elektrotechnik studieren, Ingenieur werden können. Aber das hat mich absolut nicht interessiert.

Also arbeitete ich als Hilfsbauarbeiter bei der Ghelma AG und absolvierte daneben an drei Abenden pro Woche die Passerelle am Gymnasium Neufeld in Bern. Die Passerelle gilt als Erwachsenenmatur, wobei man am Schluss der Ausbildung nicht die eigentliche Matur erhält, sondern nur den prüfungsfreien Zugang zu den Universitäten. Ich betrieb da minimalistischem Aufwand, die Note war mir egal, ich brauchte nur die Zulassung fürs Studium.

«Mätthel konnte meist gut einschätzen, wie viel Aufwand es brauchte, um durchzukommen. In anderen Lebensbereichen investierte er auch mal nur 80 Prozent, gab sich mit einem durchschnittlichen Resultat zufrieden. Nur im Sport, da gab es für ihn immer nur eine Option: 100 Prozent.»
Roli Fuchs, Athletiktrainer

2007, nach dem Eidgenössischen in Aarau, war ich endlich ready für die Uni.

Ein Sportstudium in Magglingen wäre auch in Frage gekommen, aber dort gab es einen ziemlich strikten Numerus clausus, eine hoch anspruchsvolle praktische Sportprüfung. Ich konnte neben dem Schwingen nicht für eine solche Aufnahmeprüfung üben. Also wählte ich das Sportstudium an der Universität Bern. Ausserdem wollte ich neben Sport noch ein anderes Fach studieren.

Ich zog von Zuhause aus, um näher bei der Uni zu wohnen.

«Erst war ich froh, dass er auszog – weil ich so nicht mehr ständig Sägemehl in den Kleidern hatte. Aber dann vermisste ich ihn doch recht schnell.»
Katrin Glarner, Schwester

Das Studium war eine coole Zeit, ich probierte einiges aus – Stabhochsprung, Turmspringen, Synchronschwimmen, Geräteturnen und so weiter. Und das Netzwerk war toll, ganz verschiedene Leute aus anderen Sportarten, das gab spannende Diskussionen und zahlreiche Inputs. Du konntest immer von irgendjemandem lernen und profitieren – genau mein Ding. Das Schöne ist: Man trifft die Leute auch später immer und überall wieder, vor allem, wenn du in der Sportwelt unterwegs bist.

Es war genial, wie viel Hintergrundwissen mir dieses Studium bot. Plötzlich wusste ich beispielsweise, warum man Liegestützen oder Kniebeugen macht. Weil mich vieles brennend interessierte, fiel mir das Lernen leicht. Ich ging immer zur Uni – Präsenzunterricht lag mir besser, weil ich ein visuell orientierter Typ bin. Ich musste die Dinge sehen und hören, dann hatte ich es ziemlich rasch drin.

Natürlich war die Phase vor Prüfungen jeweils streng. Aber Abgeschlossenes verlieh mir extrem viel Schub. Das war ein bisschen wie legales Doping, neben dem Sport auch Erfolg zu haben, etwas abzuschliessen. Das ging mir auch schon zuvor so, bei der Lehrabschlussprüfung, bei der Berufsmatur: Die Prüfung ist vorbei, du gehst aus der Tür und machst sie zu. Dieses Gefühl fand ich immer etwas vom Allergrössten. Im Schwingen war das ähnlich: Der letzte Gang ist fertig und du weisst, jetzt ist es vorbei. Unbeschreiblich.

Je mehr Wissen ich anhäufte, desto mehr verstand ich, was wir im Training warum machten. Im zweiten Jahr meines Studiums machte Roli dann ein Experiment mit mir. Er gab mir einen leeren Wochenplan, oben stand: Kraft Beine, Kraft Oberkörper, Ausdauer. Dann sagte er: «Du bestimmst, was du trainierst, du hast jetzt dieses Know-how.»

Ein halbes Jahr lief das so, aber es war eine Katastrophe, funktionierte überhaupt nicht. Ich brach fast zusammen, machte mir tausend Gedanken über die Trainingsplanung. Dachte: «Bei Liegestützen bin ich vielleicht ein bisschen schlecht, Bankdrücken oder Kniebeugen müsste ich auch besser werden und ich kann nicht so hoch springen. Was mache ich jetzt?»

Ich mühte mich ab, verstrickte mich komplett in meinen Überlegungen. Das nahm mir die Kapazität, am Schwingen herumdenken zu können.

Die einzigen Gedanken, die du als Schwinger haben solltest, sind solche wie etwa: Welche Taktik verfolge ich gegen diesen Gegner? Wie kann ich besser ziehen? Wie reagiere ich auf einen Angriff?

Es braucht Fokus auf diese Dinge, für alles darum herum muss gesorgt sein. Darum ist das Umfeld so wichtig. Du kannst nicht selber Athlet sein und Trainer, das sind zwei unterschiedliche Positionen.

Also schob ich diese Aufgabe wieder an Roli zurück und sagte: «Mach du, ich will einen Trainingsplan. Ich studiere zwar dasselbe wie du, aber ich will nicht überlegen. Ich will den Zettel, will draufschauen und dann mache ich dreimal acht Kniebeugen mit 100 Kilo und mehr möchte ich nicht überlegen. Ich vertraue dir und es kommt gut.»

Von da an funktionierte es wieder nach dem alten Prinzip. Natürlich hinterfragte ich ihn teilweise oder brachte eigene Ideen ein.

> «Er kam mit vielen Inputs, das war befruchtend für mich. Ich wusste: Dem muss ich immer was bieten.»
> Roli Fuchs, Athletiktrainer

Ich suchte stets die Herausforderung. Wenn du einen Job machst, bei dem du 99 Prozent der Dinge beherrschst, ist dir nach einer Woche langweilig. Es ist besser, wenn du ein Prozent kannst und den Rest neu lernen musst, dann hast du jeden Tag eine Herausforderung, du kannst besser werden und wachsen.

Drum reizte mich der Spitzensport so, weil es dort heisst: Was heute gut ist, ist morgen Mittelmass und reicht übermorgen nicht mehr. Und darum versuchte ich auch, Sportlerleben und Berufsalltag zu kombinieren – weil ich so gleich in zwei Bereichen Herausforderungen hatte.

Die Kombination von Ausbildung und Sport war aber nicht nur eine attraktive Herausforderung, sie brachte mich in vielen Bereichen weiter.

Zum Beispiel mental. Ich konnte mir dank der Ausbildung etwas aufbauen für nach der Sportlerlaufbahn. Das gab mir Sicherheit, nahm im Wettkampf etwas den Druck, weil ich wusste: Das hier ist nicht das Einzige, was zählt. Ich brauchte auch den Ausgleich, sonst hätte ich am Schwingen zu viel hin und her überlegt.

Neben dem Studium suchte ich mir kleinere Jobs. Ab 2008 arbeitet ich zum Beispiel zwei Jahre als Fitness-Instruktor. Der Job tat mir menschlich sehr gut. Ich wurde offener, kommunikativer. Als Polymechaniker hatte ich während der Lehre einfach an einer Maschine gestanden und nicht gross kommunizieren müssen. Als Fitness-Instruktor hingegen kam es oft auf die richtige Wortwahl an. Ich lernte sehr viel.

Trotzdem ist es bis heute nicht so, dass ich die ganze Welt zu Tode rede.

«Er ist nicht der Mann der grossen Worte.»
Claudia Hediger, Freundin

Ich war auch noch sechs Jahre Trainer beim Eishockeyklub SC Unterseen-Interlaken, dann hatte ich für rund fünf Jahre ein Teilzeitpensum als Turnlehrer. Das waren alles sehr gute Erfahrungen. Und daneben noch das Studium.

Studieren hatte auf mich denselben Effekt wie das Lesen: eine Horizonterweiterung. Die Augen öffnen für anderes, das Verständnis wecken. Nur Profischwinger zu sein, wäre für mich unmöglich gewesen.

Das wäre, als ob man verkehrt herum in einen Feldstecher schaut, auf eine sehr kleine, eng begrenzte Welt.

Begegnungen mit Leuten ausserhalb des Schwingsports waren auch immer eine Bereicherung. Über Dinge fernab des Schwingens zu diskutieren, Neues erfahren, die ganze Bandbreite an Meinungen kennenlernen: ein Genuss.

Das war mein Bedürfnis. Andere haben lieber einen engeren Horizont, ich will das überhaupt nicht werten. Ich habe ja einige Jahre auf dem Hasliberg bei den Bergbahnen gearbeitet, und es gibt viele Leute, die sind 30 Jahre lang nur bis auf den Brünig gekommen. Wenn du in deinem Mikrokosmos total glücklich und zufrieden bist, spricht nichts dagegen.

Unter Schwingern gibt es auch ganz unterschiedliche Typen. Wenn du gegeneinander schwingst ist es egal, was du sonst im Leben machst. Aber klar: Im Alltag ist man halt an extrem anderen Orten im Leben, vom Alter, vom Beruf oder Ausbildungsstand her. Aber gerade diese Mischung ist spannend – Schwingen deckt die gesamte Bandbreite ab: Von Landwirten über Zimmermänner, Agronomen und Banker, Lehrlingen und Studenten und so weiter.

Natürlich hat man nicht mit allen Berührungspunkte oder ähnliche Interessen. Wieso auch? Von 100 Schwingern magst du nicht jeden gleich gern, das ist wie im Alltag. So richtig tief redest du sowieso nur mit denen, die du oft im Training siehst. Und da spricht man dann über alles – Politisches, Gesellschaftliches, Sport. Mir fiel es nie schwer, zu selektionieren, mit wem ich mich eingehender austauschen möchte und mit wem nicht.

Und ich war auch in Studium und Beruf sehr gut darin, nur Dinge zu machen, die mich wirklich fesselten. Ich konnte relativ gut filtern. Was mich nicht so packte, versuchte ich zu vermeiden und steckte dafür mehr Energie in die Dinge, die mich interessierten.

Ich begann beispielsweise die Sportlehrerausbildung an der Pädagogischen Hochschule. Diese PH muss man nach dem Sportstudium absolvieren, um ein Lehrerdiplom zu erhalten. Diese Ausbildung brach ich aber ab.

Ich unterrichtete Gewerbeschüler im Alter von 16 bis 20 Jahren. Eigentlich ein spannendes Alter, in dem du jemandem noch etwas mitgeben kannst – dachte ich. Aber es zeigte sich rasch, dass nur diejenigen engagiert mitmachten, die sich gerne bewegten. Die anderen zu motivieren empfand ich als Krampf. Es gab in diesem Fach auch keine Noten, dieser Anreiz fiel also weg.

Sport war immer meine grosse Leidenschaft, von frühester Kindheit an; ich hatte kein Verständnis dafür, wenn sich jemand in diesem Alter nicht automatisch gerne und vielseitig bewegt.

Da musste ich schon umdenken und lernte eine andere Perspektive kennen. Diese Aufgabe machte mich unzufrieden, ich hatte einfach das Gefühl, dass ich dort zu wenig bewegen kann.

Die Arbeit mit jungen Sportlern ist ganz anders, die musst du nicht anstossen, sondern eher bremsen und du kannst sie formen und ihnen deine Erfahrungen mitgeben. Die wollen wirklich. In der Gewerbeschule wollten von 20 Schülern vielleicht zwei oder drei. Es war eine lehrreiche Zeit, aber auch energieraubend. Ich wollte meine Kräfte in etwas investieren, wo ich mehr bewirken konnte.

Diese Sportlehrerausbildung ist das Einzige in meinem Leben, das ich angefangen und nicht fertig gemacht habe.

Obwohl ich viel los hatte mit Sport, Studium und Beruf: Ich empfand es nicht als Belastung. Es war ein sehr durchdachter Aufwand: Als Turnlehrer war ich zu 15 Prozent angestellt, daneben leitete ich beim SC Unterseen-Interlaken etwa drei Einheiten Sommertraining pro Woche. Ich sorgte dafür, dass diese Tätigkeit irgendwie reinpasste, denn ich hatte Lust darauf.

Wenn du auf etwas sehr Lust hast, kann es dir auch Energie geben.

Ich empfand es immer als grosses Privileg, neben dem Sport eine Ausbildung machen zu können. Das war auch möglich dank einiger Unterstützer.

«Schwinger durften offiziell zwar erst ab 2010 persönliche Sponsoren haben und deren Logos auf der Kleidung anbringen, aber schon in den Jahren davor gab es eine Art Grauzone. Es war eine Zeit des Umbruchs, Unternehmen bekundeten Interesse am Traditions-

sport, Schwingklubs und Verbände konnten bereits ab 1998 Werbung auf der Kleidung zulassen und bald danach begannen auch die ersten Schwinger damit. Vom Eidgenössischen Schwingerverband wurde das mehr oder weniger toleriert, bis man die Notwendigkeit eines Werbereglements erkannte und dieses 2010 festsetzte.»
Rolf Gasser, Leiter Geschäftsstelle ESV

Im Wettkampf waren Sponsorenlogos weiterhin verboten, der Sägemehlring muss auch heute noch werbefrei sein. Meine Sponsoren der ersten Stunde hiessen: BBO (Bank Brienz Oberhasli), Ghelma AG Baubetriebe, Garage Wenger, Landi Jungfrau AG. So konnte ich mein Studium fortan mit dem Sport finanzieren.

Trotzdem arbeitete ich immer, das gehörte für mich dazu. Aber ich konnte dank der Sponsorenunterstützung meine Jobs nach dem Lustprinzip aussuchen, es stand weniger das Geldverdienen im Vordergrund. Während andere typische Studentenjobs machten wie Pizza oder Zeitungen austragen, durfte ich im Sportbereich arbeiten und immer etwas dazulernen.

Die finanzielle Absicherung der Sponsoren half mir auch bei einer wichtigen Entscheidung: Für mich war immer klar gewesen, dass ich nicht nur den Bachelor mache, sondern auch den Masterstudiengang absolviere. Anfangs wollte ich das Studium so schnell wie möglich durchdrücken. Aber dann wurde klar, dass das nicht geht. Also mir war das zuerst nicht so klar, anderen schon.

Plötzlich musste ich entscheiden: Reissleine ziehen oder ausbrennen?

Input vom Athletiktrainer Roli Fuchs

Wie vereine ich Leistungssport und Beruf oder Ausbildung?

Aus physiologischer Sicht ist es nicht sinnvoll, in zwei Gebieten hochintensiv tätig zu sein, der Körper benötigt Regenerationszeit. Das bedeutet: Zeit ohne irgendwelche Tätigkeiten. Wer also glaubt, mehrstündige Büroarbeit sei Regeneration, der täuscht sich.

Aber im Schwingen und in anderen Amateursportarten gibt es ja gar keine Wahlmöglichkeit, weil die Verdienstmöglichkeiten durch den Sport zu gering sind.

Für einige Sportlerinnen und Sportler ist es sogar sinnvoll, dass sie ihren Horizont erweitern mit Dingen fernab des Sports. Sie haben weniger Zeit zum Grübeln und Zweifeln, oder sie sehen Sport nicht als alleinigen Lebenssinn und fühlen dadurch mehr Selbstwirksamkeit.

Oftmals geht eine Doppelbelastung von Sport und Beruf oder Ausbildung noch gut – aber wenn weitere Anforderungen wie Partnerschaften, Kinder, Medientermine und Co. dazu kommen, reichen die Energiereserven plötzlich nicht mehr. Der Körper ist nicht doof, wenn es ihm zu viel wird, dann passiert häufig etwas, zum Beispiel eine Verletzung.

Bei einer Doppel- oder Mehrfachbelastung ist das Umfeld wichtig, professionell wie privat. Aussenstehende merken oftmals schneller, wann die Belastung zu hoch ist – wer im Hamsterrad steckt, ist zu angestrengt, um das zu erkennen.

Erstes Foto mit neuer Sponsorenjacke nach Beginn der
Zusammenarbeit mit Beni Knecht. Foto: Erich Häsler

Glücksfall

Das Positive an einem Fast-Kollaps

Ich war Superman.

Dachte ich jedenfalls. Mit 22, 23 Jahren hatte ich das Gefühl, dass ich alles kann und quasi unverwundbar bin.

Ich wollte das Bachelor- und Masterstudium in Rekordzeit und mit super Noten abschliessen, gestaltete das Sommertraining mit einem Eishockeyteam, war Fitness-Instruktor, Turnlehrer. Und dazu noch Spitzensportler, mit dem Ziel, der Beste zu werden, also mit vielen Trainings und Schwingfesten. Ich hielt stur an all diesen Ambitionen fest.

Innehalten und die Situation mal in Ruhe bewerten? Keine Zeit.

Und ich war frisch verliebt. 2008 hatte ich Claudia kennengelernt. Am Bernisch Kantonalen in Ins war sie Ehrendame und gefiel mir gleich. Ich redete mit ihr und bei der Rangverkündigung konnte ich vor ihr hinknien und den Kranz erhalten.

> «Also eigentlich war Claudia nicht seine Ehrendame. Da mussten bei der Rangverkündigung ein paar Schwinger anders in die Reihe stehen, damit er auf sie traf.»
> Simon Anderegg, Cousin

Ich hatte die Initiative ergriffen, bei der Rangverkündigung etwas taktiert – und wurde belohnt.

Sport, Studium, Liebe, Beruf – konnte ich das alles stemmen? Ich glaubte: klar.

Mein Selbstvertrauen war nicht unberechtigt, bisher war ja lange Zeit alles aufgegangen. Die Passerelle hatte ich mit minimalem

Aufwand geschafft, wenn auch sehr knapp, das ist kein Zeugnis zum Herumzeigen. Aber dass es klappte, erzeugte in mir doch das Gefühl: Ich kann alles nebeneinander laufen lassen. Dann kam der Start ins Studium und dort hatte ich oft gute oder zumindest genügende Noten, weil mich der Stoff begeisterte. Ich war der Überzeugung, dass es einfach so weitergeht.

Aber irgendwann kippte es. Nicht abrupt, sondern langsam.

Erstmals misslang etwas. Im Nebenfach belegte ich Betriebswirtschaftslehre und verhaute dort dreimal die Prüfung im Rechnungswesen. Ich musste das Nebenfach wechseln. BWL hatte ich gewählt, weil Sport und Wirtschaft eine häufige Kombination sind. Jetzt sollte ich mich umorientieren und dachte an Geschichte. Dieses Fach hatte ich in der Schule immer gern.

Einige Leute rieten mir, das Nebenfach nach dem Lustprinzip zu wählen, dann würde es einfacher gehen mit dem Lernen. Andere fragten, was denn ein Geschichtsstudium bringe. So gut ich sonst filtern konnte, was mir wichtig ist: Diesmal irritierten mich die Stimmen von aussen. Ich war nicht so klar bei mir, stand nicht mit beiden Beinen auf dem Boden wie früher. Ich war instabil, weil ich mir rundherum zu viel aufgehalst hatte. Das erkannte ich zu diesem Zeitpunkt nur noch nicht.

Letztlich wechselte ich zu Geschichte, spürte aber trotzdem, dass es in mir brodelte.

> «Als das Studium anspruchsvoller wurde, kam Mätthel seine Konsequenz in die Quere. Er wollte in zu vielen Bereichen powern. Lange merkte man ihm nicht an, wie anstrengend es für ihn war.»
> Roli Fuchs, Athletiktrainer

Ich konnte überall nur noch 90 Prozent Leistung abliefern, wenn überhaupt. Alles wurde zu viel. Ich wurde an vielen Orten zwar nicht schlecht, aber Mittelmass – das war total unbefriedigend.

Ich veränderte mich menschlich, wurde dünnhäutiger, war oft müde, hatte negative Gedanken.

2009 sagte Claudia zu mir: «Stopp. Mach etwas, sonst kommt das nicht gut.» Sie gab mir die Adresse des Sportpsychologen Jörg Wetzel.

> «Ich konnte ihm nicht da raushelfen, er musste selbst etwas unternehmen.»
> Claudia Hediger, Freundin

Ich rief bei Wetzel an. Er hatte keine Kapazität und verwies mich an einen Mitarbeiter: Röbi Buchli. Wir machten einen Termin, um einfach mal eine Stunde miteinander zu reden. Das ist fast wie ein Date: Entweder springt der Funke oder nicht.

Es brauchte schon etwas Überwindung, denn auch ich verspürte diese Zurückhaltung im Zusammenhang mit Psychologie, die viele Menschen in sich tragen.

Wir trafen uns. Redeten eine Stunde lang.

Es funkte.

Röbi und ich sind meilenweit voneinander weg aufgewachsen und erkannten doch Ähnlichkeiten, wie wir ticken. Ich als Berner Oberländer, er als Bündner Oberländer.

> «Das Vertrauen zwischen uns war schnell da, weil wir merkten, dass wir menschlich-kulturell einen ähnlichen Hintergrund haben. Da gibt es gewisse Werte und Vorstellungen, die man teilt.»
> Robert Buchli, Sportpsychologe

Wir vereinbarten unsere Zusammenarbeit. Schon nach diesem ersten Gespräch war ich froh, mir Unterstützung geholt zu haben. Ich hätte diesen Schritt schon etwas früher machen sollen, aber ich war der Meinung gewesen, dass ich mental stark bin und keine psychologische Unterstützung brauche.

Ich hatte sicher auch eine falsche Vorstellung von der Sportpsychologie. Ich vermutete, dass man da an der sportlichen Leistung schraubt und hier sah ich bei mir keine Dringlichkeit. Tatsächlich aber machten wir die ersten zwei bis drei Jahre alles andere, als die sportliche Leistung zu justieren.

> «Wie überlastet Matthias anfangs war, merkten wir anhand eines Erholungs-Belastungs-Fragebogens. Diesen Test machte ich in einer der ersten Sitzungen mit ihm. Das Ergebnis spiegelte, was mit ihm los war: Die Kurve mit den Belastungen und Erholungen hätte ein N darstellen sollen – bei Matthias ergab es ein U. Das ist ihm eingefahren. Ab da war klar, dass er etwas für seine Erholung tun musste, und zwar nachhaltig, nicht einfach ab und zu ein Powernap. Diesen Test machten wir später noch einige Male, um die Entwicklung aufzuzeigen.» Robert Buchli, Sportpsychologe

Röbi fragte mich: «Wo hast du deine Ruheinseln? Was machst du gerne in deiner Freizeit? Was entspannt dich? Machst du überhaupt einmal etwas in der Art?» Die Fragen trafen ins Schwarze. Denn: Eine Stunde hinsitzen, Zeitung lesen und einen Kaffee trinken, das fand ich eigentlich extrem schön, aber ich machte es nie.

Also musste ich plötzlich anfangen, meine Freizeit zu planen. Es war anfangs schwierig, mir zu erlauben, frei zu machen. Weil ich gerne Filme schaue, sollte ich mir beispielsweise alle zwei Wochen einen Termin blockieren und dann zwei Stunden einen Film gucken, ohne Handy, ohne Gesellschaft, ohne Ablenkung. Ich musste mich daran gewöhnen, das ohne schlechtes Gewissen zu geniessen und ohne Gedanken an Konkurrenten, die diese zwei Stunden vielleicht für ein Training nutzten.

Ich spürte, dass mir bewusste Erholungszeiten guttaten und plante sie in mein Leben ein, ging in der Folge etwa gelegentlich mit Freunden in die Stadt, um etwas zu trinken. Einfach, weil es das auch brauchte.

Wenn ich heute mit jungen Sportlerinnen und Sportlern spreche, frage ich manchmal, wann sie sich mit Freunden treffen, ins Kino gehen oder einfach mal auf dem Bett liegen und Musik hören. Die Jungen bekommen dann grosse Augen und erzählen von ihrem vollgepackten Trainingsalltag. Dann erzähle ich von meinen Erfahrungen und rate dazu, zwischendurch auch einfach zu leben. Manchmal macht man besser eine Pause als durchzupowern – die Energie danach ist grösser.

* * *

In einer der ersten Sitzungen zeichnete Röbi auf einem Whiteboard Hüte auf und sagte: «Jetzt erzählst du mir mal, welche Rollen du hast in deinem Leben.» Das werde ich nie vergessen, es war unglaublich.

Ich war Sportler, Student, Arbeitnehmer an mehreren Orten, Freund, Sohn, Bruder, Kollege und so weiter – als ich mir die Zeit nahm, all meine Rollen im Leben aufzulisten, machte es Klick.

Kein Mensch kann zehn Hüte aufhaben und gleichzeitig in allen Bereichen Exzellenz anstreben.

Der einzige Ausweg: Hüte abgeben und priorisieren.

Das war für mich ein Schlüsselerlebnis. Ich sah deutlich, dass ich an zu vielen Orten zu viel Energie reinsteckte und folglich überlastet war.

Training im Fitness Life in Gwatt. Während des Studiums Trainings-
und Arbeitsplatz in einem. Foto: Res Blatter

«Mätthel konnte vieles miteinander machen, Lehre und Sport, Studium und Sport. Aber leistungsmässig stand er 2009 wohl etwa bei 70 Prozent seines vollen Potenzials. Er trainierte tendenziell zu viel und die Erholung vernachlässigte er total. Von aussen merkte man das allerdings fast nicht, weil er auch mit einseitigem Training an einem Sonntag vier Gänge gewinnen konnte; aber auch nicht mehr.»
Robert Buchli, Sportpsychologe

Visuelle Darstellungen helfen mir sehr, um Dinge zu erkennen. An der Uni wurde ein halbes Jahr das Thema Sportpsychologie behandelt und ich sah verschiedene Theorie-Modelle. Damals fragte ich mich, was ich als Sportler davon bloss mitnehmen soll in der Praxis. Es war weit weg von meiner Realität.

Röbi schaffte es immer wieder, mir aus Theorien simple Instrumente zu bauen, die ich nachvollziehbar fand. Es war ganz egal, wer welche Theorie wann erfunden hatte, dieses Wissen brachte mich ja nicht weiter, sondern es musste in der praktischen Anwendung funktionieren. Es gibt sicher ein Modell mit einem komplizierten Namen, das letztlich auch eine Umfeldanalyse bezeichnet, wie wir sie mit den Hüten machten. Aber Röbi malte Zylinder an die Wandtafel und löste damit bei mir etwas aus.

Das zeigte mir einmal mehr, dass man Dinge zwar im Studium lernen, aber eben nicht zwingend bei sich anwenden konnte. Genau wie mit der Trainingsplanung, die mir Roli in seinem Experiment hatte übergeben wollen und die ich rasch wieder an ihn zurückdelegierte.

Nachdem Röbi und ich also festgestellt hatten, dass ich zu viele Hüte trug, ermutigte er mich zum Zusammenstreichen. Ich sollte einige Hüte weglegen und andere verkleinern. Beim Zusammenstreichen half er mir durch Nachfragen, aber sagte mir nie, was ich machen soll und was gut ist.

Manchmal war es nur schon hilfreich zu erkennen, weshalb ich manche Hüte trug. Sehr oft hing es nämlich nicht mit der Erwartungshaltung von aussen zusammen, sondern mit meinen fast schon übersteigerten inneren Ansprüchen.

> «Mathi war mir ein toller grosser Bruder: Sehr fürsorglich und immer offen für unsere Fragen und Sorgen. Manchmal übertrieb er es auch mit der Fürsorglichkeit und glaubte, er könne seinen Senf abgeben, wenn ich einen neuen Freund hatte.»
> Katrin Glarner, Schwester

Es gab Hüte und Rollen, die ich nicht eliminieren konnte oder wollte. Dort entschieden wir, dass sie weniger Raum einnehmen mussten in meinem Leben und weniger Energieaufwand fordern durften.

Deshalb fiel beispielsweise die Entscheidung, das Bachelorstudium ein Jahr zu verlängern und mir auch beim Masterstudium ein Jahr mehr Zeit zu lassen. Als ich das so durchdachte, erkannte ich selber: Was machen schon zwei Jahre aus auf ein gesamtes Leben?

Es war sicher hilfreich, dass ich erst 23 und noch einigermassen ungebunden war, keine Kinder hatte zum Beispiel. Dank dieser Flexibilität konnte ich einige Hüte einfach beiseiteschieben. Konnte die Hüte, die ich aufhatte, dann auch wirklich ausfüllen.

Das ist matchentscheidend: Dass du im richtigen Moment die Energie hast, um den aktuellen Hut auszufüllen. Es nützt dir nichts, wenn du 15 Hüte hast, die du jeweils nur halb ausfüllst. Man hat nur eine begrenzte Menge an Energie. Das hatte ich lange Zeit nicht realisiert.

> «Superoptimierer kommen nicht ganz nach vorne, weil sie überall top sein wollen und dann letztlich zu wenig Energie haben für das Wesentliche.»
> Robert Buchli, Sportpsychologe

Aber jetzt lebte ich noch konsequenter, was ich schon früher angestrebt hatte.

Die Nummer 1 in meinem Leben: Sport.

Das war nicht nur eine Floskel. Wenn ich mir ein neues Jahr anschaute, dann gab es für mich erst mal 365 Tage, an denen ich Trainings eintragen konnte. Dann folgten die Wettkampfplanung und der eine andere Sponsorentermin. Der Rest des Lebens musste sich darum herum anpassen.

> «Ich sah in der Schweiz noch nicht manchen Sportler, der so konsequent alles seinem Sport unterordnete. Aber er musste auch. Er hatte nicht die körperlichen Voraussetzungen wie Christian Stucki, hatte nicht das schwingerische Talent wie Kilian Wenger. Ich sagte ihm schon früh: Bei dir müssen alle Gläser gefüllt sein, damit du bei den Besten bist.»
> Roli Fuchs, Athletiktrainer

Es war einfacher, gewisse Hüte abzulegen, weil der Sport ein derart klarer Fixpunkt war. Mir war schon bewusst, dass ich egoistisch handelte, aber das war halt meine Leidenschaft. Entweder trugen die Leute meine Entscheidung mit oder sie hatten in meinem Leben nichts verloren. Da gab es keine Diskussion und es fiel mir nicht schwer, das durchzuziehen.

Die Konsequenz davon war, dass ich nur mit wenigen Kollegen aus der Jugend und aus dem Studium den Kontakt hielt. Mein Umfeld war also nicht riesig. Mein enger Freundeskreis besteht aus vier Männern, einer davon ist mein Bruder Stefan. Diese Freunde unterstützten mich, auch wenn ich nicht oft physisch präsent war. Wir alle wussten: Irgendwann kommen andere Zeiten.

> «Man sah sich vielleicht nicht oft, aber das war egal. Diese engen Freunde sind die Leute, die dir ehrliches Feedback geben – und die immer da sind. Nach Tiefschlägen sind all die Schulterklopfer ja plötzlich fort.»
> Stefan Glarner, Bruder

Und ich konnte immer auf Claudia zählen, obwohl sie meiner Meinung nach einen sehr hohen Preis bezahlte.

> «Ich würde nie sagen, diese Beziehung habe einen hohen Preis oder Verzicht erfordert. Ich hatte mein Leben und trug seines mit. Ein Leben mit einem Sportler hat seinen Preis, aber es gibt dir auch extrem viel, besondere Momente, spezielle Begegnungen und so weiter. Ich nannte unsere Beziehung immer: AAA – anders als andere. Mätthel und ich hatten zwar nicht ausufernd viel Zeit miteinander, aber dafür Qualität statt Quantität.»
> Claudia Hediger, Freundin

Seitdem ich die Hut-Metapher kenne, handelte ich danach, die ganze Zeit. Das Bild mit Röbis Zylindern kam mir auch immer in den Sinn, wenn sich die Frage stellte, ob ich zu etwas Ja oder Nein sagen sollte. Ich achtete darauf, nicht irgendwelche Dinge anzunehmen oder zu machen, die zu grossen Mehraufwand gegeben oder mich vom Wesentlichen abgelenkt hätten.

Ich hatte immer eine gute Ausrede, um etwas abzusagen: das Schwingen. Mit dem Hinweis auf Training oder Schwingfeste konnte ich nett Nein sagen und erntete meist Verständnis. Das half sehr.

Ich war unfassbar froh, hatte Claudia eingegriffen und mich dazu gedrängt, etwas zu unternehmen. Es war wirklich allerhöchste Eisenbahn, weil es mich sonst wahrscheinlich verbrannt hätte. Und nach einem Zusammenbruch braucht es länger, bis man wieder rauskommt.

* * *

Natürlich wunderte ich mich zuerst, weshalb Röbi und ich anfangs gar nicht darüber sprachen, wie man ein Schwingfest gewinnt. Aber auch das erklärte er mir mittels eines Bildes. Er zeichnete ein Dreieck auf, eine sogenannte Leistungspyramide, unterteilt in drei Ebenen. Die Basis ist der Athlet, jemand mit etwas Talent und guten Voraussetzungen. Das ist die Grundbedingung. Die zweite Ebene ist das Umfeld und die dritte, die kleine Spitze, ist dann erst die Leistung.

Mit diesem Bild im Blick machte sein Aufbau Sinn. Es ging zuerst darum, welche Hüte ich aufhatte, wie ich meine Energieressourcen ausgleiche. Dann ging es um mein Umfeld, wer bei mir etwas zu sagen hatte und wen ich auf meinen Weg mitnehmen wollte. Und erst ganz am Schluss, nach mehreren Jahren Zusammenarbeit, schraubten wir tatsächlich an der Leistung.

Auch diese Pyramide begleitete mich fortan das ganze Leben hindurch. Ich erkannte: Wenn du als Sportler irgendwo ein Problem hast, dann hält das Fundament nicht. Wenn du im Umfeld Stress hast oder familiär etwas nicht gut ist, wirst du ebenfalls keinen Erfolg haben. Also musst du zuerst schauen, dass diese zwei Ebenen in Ordnung sind, und dann passt auch die Leistung.

Das ist aber nicht nur im Sport so, sondern im ganzen Leben. Umso toller fand ich es, diese Theorie nun zu kennen.

Erster Gang am Innerschweizerischen Schwingfest 2012
in Sarnen gegen Martin Grab. Foto: Rolf Eicher

Daneben halfen mir die Gespräche mit Röbi jeweils auch, um Dinge, die in mir rumorten, abzuladen. Manches mochte ich mit niemanden aus meinem näheren Umfeld besprechen, und in den ersten zehn Minuten einer Sitzung mit Röbi konnte ich einfach deponieren, was mich gerade beschäftigte. Es war wie ein Ventil.

> «Er wirkte immer so, wie wenn er alles im Griff hat. Vieles machte er mit sich selbst aus – das war schon immer so, und unser Vater war ähnlich. Stefan und ich sind eher diejenigen, die über etwas reden möchten.»
> Katrin Glarner, Schwester

Im Winterhalbjahr sahen Röbi und ich uns jeweils nicht. Nach dem Saisonende machten wir einen Rückblick und vereinbarten dann einen Termin im Februar oder März. Bis dahin musste ich wieder die harte Arbeit machen. 90 bis 95 Prozent des Sportreibens ist nach wie vor knüppelhartes Training. Wenn du das nicht machst, dann nützt dir der beste Powerriegel, der beste Sportpsychologe, die beste Massage nichts. Drum hiess es jeweils in der kühlen Jahreszeit: jede Kniebeuge maximal, jeden Kurz maximal. Dafür brauchte ich Röbi nicht.

Dafür dann im Aufbau einer Saison. Ich war anfangs ein Greenhorn, unterschätzte die psychologische Komponente meines Tuns. Viele Dinge hatte ich zuvor nicht schlecht gemacht, mir Rituale aufgebaut und so. Aber das meiste geschah nicht bewusst und ich reflektierte und hinterfragte mich in dieser Hinsicht selten. Dank Röbi stellte ich fest: Erst, wenn du dir Dinge bewusstmachst, kannst du sie steuern.

Wir erarbeiteten zum Beispiel eine Methode, um einen Gang oder ein Schwingfest zu verarbeiten: Wähle aus diesem Ereignis drei negative und drei positive Dinge. Dann ziehst du einen Strich drunter und machst den nächsten Schritt.

Wenn man das übt, kann man aus allem Erlebten etwas Positive herausnehmen und wendet nicht zu viel Energie auf zum Hadern und Grübeln.

Ich hatte schon die Tendenz, länger über gewisse Dinge nachzudenken. Das konnte gerade an Schwingfesten hinderlich sein. Nach einem verlorenen Gang studierte ich öfter daran herum. Ich schaffte es zwar irgendwann, mich davon zu lösen und mich auf einen neuen Gang zu fokussieren – aber ich hatte etwas Wichtiges ausser Acht gelassen: die Erholungszeit. Also machte ich neu diese Übung mit den drei positiven und drei negativen Aspekten, schloss den Gang nach fünf Minuten gedanklich ab und entspannte mich dann. Nur wer sich entspannt, kann danach wieder richtig Spannung aufbauen.

Ich glaubte früher, ich würde vor einem Schwingfest oder vor einem Gang gut Spannung aufbauen, aber es kostete mich immer immens viel Energie. Ich war jeweils schon am Freitagabend wie im Film, dachte fast nur noch ans Schwingfest. Ich fixierte mich zu früh darauf, nur noch das richtige zu essen, packte schon meine Tasche und so weiter. Und wenn es dann wirklich zählte und ich im Moment X abliefern musste, kam ich nicht auf das nötige Energieniveau. Ich schaffte keine Spitzenleistungen. Rückblickend ist es total verständlich, dass ich im entscheidenden Augenblick bereits ausgelaugt war.

> «Für einen wie Mätthel war es ein Vorteil, dass er neben dem Sport noch arbeiten durfte oder musste. So war er unter der Woche anders ausgelastet und konnte nicht ständig hirnen.»
> Robert Buchli, Sportpsychologe

Alles Unnötige und Energieraubende wurde dank Röbis Unterstützung eliminiert. Neu lag der Fokus auf genügend Power am Sonntagmorgen. Ich tat an den Tagen vorher also nur noch, was mir Kraft gab. Und während eines Schwingfests baute ich vor jedem Gang mit einer Zehn-Minuten-Routine die Spannung auf.

Ich probierte auch autogenes Training. Eine Übung drehte sich beispielsweise um Entspannung. Ich sollte mir vorstellen, wie Wolken am Himmel an mir vorbeiziehen und dass ich an einem Wunschort sei. Ich sah mich an einem schönen Sommertag auf einem Hügel unter einer Linde, blauer Himmel und Schäfchenwolken. Das half, Anspannung loszulassen. Autogenes Training machte ich aber später kaum noch, andere Werkzeuge waren bei mir effektiver.

Es war wie beim Training mit Roli: Viel Trial and Error. Du probierst etwas, reflektierst, und wenn es passt für dich, nimmst du es mit; wenn nicht, lässt du es sein. Du bestimmst, was du in deinen Rucksack packst.

> «Er ist sehr kontrollierend in dem, was er tut, aber sehr vertrauend, wenn er mit Leuten zusammenarbeitet. Wenn er beschliesst, jemandem sein Vertrauen zu schenken, dann hinterfragt er nicht mehr ständig, sondern ist sehr offen und lässt sich auf vieles ein.»
> Robert Buchli, Sportpsychologe

Röbi filmte mich oft bei Wettkämpfen. Da ging es dann um den Feinschliff. Wie lief ich zum Brunnen? Wie wusch ich mir dort den Kopf? Wo stand ich vor einem Gang? Wie ging ich ins Sägemehl?

Er sah, dass ich vor einem Gang ständig mit mir redete und fragte, was ich da eigentlich sagen würde. Es war mir bis dahin nicht mal bewusst gewesen, dass ich Selbstgespräche führte.

Das Videostudium machte mir nicht nur gewisse Verhaltensweisen bewusst, sondern half auch in der Vorbereitung. Ich schaute mir etwa Bilder von meinen guten Gängen an, speicherte sie innerlich ab, zusammen mit einer positiven Emotion. Diese Bilder konnte ich in geeigneten Situationen abrufen und bei mir gute Gefühle auslösen. Und bei den Gegnern stellte ich mir immer vor, wie es von aussen aussah, wenn ich gegen sie kämpfte und wie ich sie besiegte.

> «Matthias war sehr gut darin, neue Inputs aufzunehmen. Er kam zu einer Sitzung, saugte alles auf, ging heim – und war das nächste Mal einen Kilometer weiter. Das ist gar nicht selbstverständlich. Er setzte Dinge nicht mal so um, wie wir sie besprochen hatten, sondern ging noch einen Schritt weiter. Wir entwickelten eine gemeinsame Idee und daraufhin suchte er seine eigene Lösung dafür. Eine sehr effektive Zusammenarbeit.»
> Robert Buchli, Sportpsychologe

Hüte ablegen, mein Umfeld bewusst auswählen und auf meinen Energiehaushalt achten, waren essenzielle Mosaiksteine auf dem Weg zum Erfolg. Ohne all diese Learnings wäre ich nicht Schwingerkönig geworden.

Und obwohl es mich anfangs wunderte, dass wir nicht nur an der Leistung arbeiteten, war genau die Basic-Arbeit letztlich fürs gesamte Leben am wertvollsten. Vieles, was ich während insgesamt zehn Jahren mit Röbi gelernt hatte, konnte ich auch anderswo anwenden.

In meinem Leben gab es immer wieder Situationen, die mir zeigten: So kann es nicht weitergehen. Ich habe sicherlich die Tendenz, mir zu viel zuzumuten – weil ich vieles aufs Mal will und weil ich teilweise mehr Energie in Dinge investiere als andere Leute. Umso bedeutender war es, dass ich schon als 23-Jähriger Strategien gegen Überlastung kennenlernte.

Heute sind junge Sportler besser gefeit vor solchen Situationen, es gibt Laufbahnberatungen und Modelle für Ausbildungen während der Sportkarriere. Da macht man beispielsweise das Masterstudium innert zehn Jahren, hat also etwa den Abschluss, wenn die Karriere vorbei ist. Und es gibt heute auch viel bessere Bildungs- und Schulsysteme, etwa Sportklassen.

Mir hätten solche Varianten oder die Erfahrungen anderer geholfen. Aber als ich mit dem Studium begann, gehörte ich im Schwingen eher zu den Exoten, es gab einfach noch wenig Erfahrungswerte. Und, das muss ich selbstkritisch sagen: Weil ich eher der Typ bin, der Dinge mit sich selbst ausmacht, fragte ich nicht gross herum, was andere Schwinger so für Erfahrungen gemacht hatten mit der Vereinbarkeit von Ausbildung, Beruf und Sport.

Das war wohl der Grund, weshalb ich automatisch annahm, das Studium müsse so schnell wie möglich absolviert werden. Von Daheim kam kein Druck, aber ich selber hatte das Verlangen, den Eltern nicht ewig auf der Tasche zu sitzen. Ich wollte auf eigenen Beinen stehen, eigenes Geld verdienen.

* * *

Just in der Zeit der Überlastung und des Umdenkens traf ich auch auf Beni Knecht. Unsere Zusammenarbeit begann ebenfalls 2009.

Wir kannten uns lose, er war damals Chef der Landi Jungfrau AG. Ich ging zu ihm und fragte nach einem Sponsoring.

> «Er kam in mein Büro, trug eine Jacke mit dilettantisch aufgedruckten Logos. Es sah furchtbar aus. Er hatte kein Sponsoringkonzept und keine Struktur und als ich ihn darauf ansprach, sagte er, dass er sich damit halt nicht auskenne. Also sagte ich ihm, dass ein Sponsoring grundsätzlich möglich sei, aber das alles müsse professioneller daherkommen – ich könne das Konzeptionelle für ihn übernehmen.»
> Beni Fuchs, Manager

Ich war froh um diese Ehrlichkeit und um das Angebot. Bis dahin hatte ich alles selber gemanagt neben dem Schwingen. Mein Bruder Stefan spielte damals in der Challenge League beim FC Thun und ich sagte immer zu ihm: «Du kannst mit dem Necessaire ins Training gehen, deinen Sport machen und mit dem Necessaire wieder heimgehen.» Ich hingegen musste meine Schwingtasche packen, nach dem Training die Kleider voller Sägemehl ausschütteln und waschen, ich war verantwortlich für meine Autogrammkarten, meine Homepage, für Social Media und die Terminkoordination mit Sponsoren. Es waren viele kleine Dinge, die aber in der Summe extrem viel Zeit brauchten.

> «Ich sagte zu ihm: ‹Wenn wir zusammenarbeiten, bin ich der Chef in Bezug auf das Konzept. Ich sage, wie wir das aufstellen.› Er musste kurz schlucken, aber er war einverstanden.»
> Beni Fuchs, Manager

In der Zusammenarbeit mit Röbi wurde mir klar, dass ich den Fokus auf das Wesentliche legen musste. Wenn ich einen Schritt weiterkommen wollte im Sport, musste ich etwas unternehmen. Etwas richtig wollen bedeutet: es auch wirklich richtig machen. Und das führt unweigerlich dazu, dass man anderes abgeben muss.

> «Ich erstellte also ein Sponsoringkonzept für Schwinger, das alle Richtlinien des Schwingerverbandes beinhaltete. Ab 2010 gab es ja dann auch ein Werbereglement. Von diesem Konzept profitierten dann auch andere Schwinger, Kilian Wenger etwa bat mich nach seinem Königstitel 2010 um eine Unterstützung. Beim Konzept war ich der Chef, aber sonst galt immer die Regel: Der Schwinger hat den Lead und trifft die Entscheide, was er machen will und was nicht.» Beni Fuchs, Manager

Im ersten Moment war es für mich schwierig, Aufgaben abzugeben, weil ich ein Perfektionist bin. Meine Homepage zum Beispiel war für mich stets wie eine Visitenkarte und ich hasse Schreibfehler, das musste einfach perfekt sein.

Aber ich bemühte mich, loszulassen, abzugeben – und spürte endlich wieder mehr Luft. In dieser Zeit reifte ich in meiner Selbständigkeit. Ich wurde zum Chef meiner eigenen Firma, lernte zu delegieren und merkte, dass ich wirklich vier bis fünf Leute um mich benötigte, denen ich total vertrauen und Kompetenzen übertragen konnte.

Da war sicher viel Glück und Zufall dabei, dass ich in all den Jahren vor Estavayer ein starkes und stabiles Umfeld mit tollen Menschen aufbauen konnte.

Das Vertrauensverhältnis mit Beni war rasch so gross, dass ich ihn einfach machen liess. Er bestimmte meinen Wert in Verhandlungen, handelte vieles eigenmächtig aus und verschaffte mir dadurch enorme Erleichterung.

Beni ist kein klassischer Manager. Wir hatten nie einen Vertrag, er unterstützte mich anfangs gratis, bis ich ihm irgendwann zumindest einen kleinen Jahresbeitrag für seine Spesen aufzwingen konnte. Eine Beteiligung an meinen Sponsorenverträgen gab es nicht, das wollte er nie. Zwischendurch sagte ich ihm, wie dumm das sei, aber er ist ein sturer Kerl.

Unsere Zusammenarbeit hatte den Vorteil, dass er mich wirklich ehrlich und ohne finanziellen Anreiz beriet. Man hört ja teilweise von Sportmanagern, dass sie ihre Athletinnen oder Athleten fast schon drängen, einen Vertrag zu unterschreiben, um eine satte Provision zu kassieren. Sowas gab es bei uns nie.

«Zwischen uns entwickelte sich rasch eine Freundschaft. Alle Schwinger, die ich betreute, gingen zeitweise bei mir daheim ein und aus. Oft kamen sie zufällig genau etwa um die Abendessen-Zeit – und meine Frau reagierte dann flexibel. Dafür mussten die Schwinger jeweils mit meinen Kindern Hausaufgaben machen, Mätthel war für Mathematik-Aufgaben zuständig. Und er erzählte meinen Kindern immer Witze, die wir Eltern nicht so passend fanden – das werde ich ihm irgendwann zurückzahlen.»
Beni Knecht, Manager

Eigentlich war mein Fast-Kollaps ein Glücksfall, denn ich weiss nicht, ob ich andernfalls auf die Idee gekommen wäre, mir ein solches Umfeld zu schaffen.

Input vom Sportpsychologen Robert Buchli

Wie kann ich an meiner inneren Stärke arbeiten?

Um dir unser Verständnis von innerer Stärke etwas näher zu bringen, zeige ich dir hier vier Bereiche, die wir klassicherweise voneinander unterscheiden.

PUMA-Modell
- Das P steht für Person und Persönlichkeit mit ihren Qualitäten, Werten, Zielen usw.
- Das U steht für Umfeld mit seinen vier Hauptbereichen (Privat, Ausbildung, Sport, Freizeit).
- Das M steht für Methoden und Strategien, die der Athlet/die Athletin lernen und anwenden kann.
- Das A steht für die Aufgabe und alles andere, was nicht planbar ist.

Die Metapher des PUMAs steht für unser systemorientiertes Verständnis. Ein Athlet ist innerlich stark, wenn er...
1. von innen heraus klar weiss, wer er ist, was er kann und warum er das tut, was er tut;
2. sein Umfeld reflektiert und optimiert hat;
3. seine Methoden in spezifischen Drucksituationen erweitert hat;
4. seine Aufgabe immer im Fokus hat und mit Unvorhersehbarem möglichst flexibel umgehen kann.

Erholungsmanagement und Rollenklärung

Sport ist ein tolles Feld, in dem sich eine unausgewogene Erholungs-Belastungs-Bilanz deutlich auf die Leistung auswirkt. Matthias verstand und verinnerlichte schnell, dass er in diesem Bereich einschneidende Veränderungen einleiten musste, um wieder voll auf sein natürliches Potenzial zugreifen zu können.

Ganz vielen Athleten ist der oben dargestellte Sachverhalt sehr bewusst und doch tappen zu viele in die Superoptimierer-Falle! Deshalb meine klare Message: Achte auf deine Erholung. Werde dir bewusst, was dabei von entscheidender Bedeutung ist: Entwicklung entsteht nur, wenn du immer wieder deine Komfortzone verlässt und deine Leistungsgrenze Schritt für Schritt nach oben verschiebst.

Was Matthias hier als Beiprodukt ein erstes Mal mit auf den Weg bekam, war der Unterschied zwischen Effizienz und Effektivität. Er lernte, dass er die Dinge nicht nur richtig tun musste (Effizienz), sondern dass die Auswahl der richtigen Dinge (Effektivität) der Schlüssel zu nachhaltigem Erfolg ist.

Greifbares für deinen Alltag

- Mache deine Auslegeordnung. Welche Rollen mit welchen Aufgaben nimmst du ein?
- Was machst du in deinem Alltag für deine Erholung? Notiere deine Alltagsroutinen.
- Unterscheide körperliche, soziale und mentale Erholung und plane sie.

Kraftakt

Frauenfeld 2010

Nebel lag über dem Festgelände, die Arena in Frauenfeld wirkte mystisch. Ich wärmte mich auf, gemeinsam mit den anderen, trabte über taunasse Wiesen und morgenkühlen Beton, ruderte mit den Armen, bewegte den Nacken – und wollte endlich loslegen.

Beim Einmarsch der Schwinger hatten die Sonnenstrahlen schon alle Nebelschwaden weggeschoben, wir standen im Inneren des temporären Stadions, rundherum 50000 Zuschauer.

Das Schwingen hatte in den letzten Jahren nochmals an Popularität zugelegt, unser Traditionssport begeisterte immer mehr Menschen. Im Vorfeld des Eidgenössischen gab es sogar ein Sammelalbum mit Einklebebildern von starken Schwingern. Ich fand das eine spannende Sache, weil ich im Kindesalter selber Panini-Hefte hatte. Im Training erfuhren wir jeweils von den Jungschwingern, wie viel Wert der Kleber mit dem eigenen Foto bei einem Tauschgeschäft besass.

Nun aber ging es nicht mehr um die Papierform, das Vorgeplänkel war vorbei, das Fest eröffnet. Ich war einer von 280 Schwingern und fühlte mich extrem gut vorbereitet, wie ein Favorit.

Das hing auch mit den Eidgenössischen in Luzern und Aarau zusammen. Damals hatte ich gesehen, dass ich gar nicht so weit weg war von den Besten. Ich hatte seither gut trainiert und auch meine psychische Leistungsfähigkeit optimiert.

Jetzt war ich 24 und dachte an den Königstitel.

Dieses Wort nahm ich zwar nie in den Mund, ich war immer froh, wenn andere sich exponierten.

Erster Gang gegen Stefan Fausch am Eidgenössischen Schwingfest
in Frauenfeld 2010. Foto: Rolf Eicher

«Er äusserte auch mir gegenüber nie, er wolle König werden. Ich hätte eher gesagt, der Brünig-Sieg wäre sein Ziel.»
Claudia Hediger, Freundin

Aber in Frauenfeld wollte ich Schwingerkönig werden. Das war mein Fokus. Nur das.

Und das wurde mir zum Verhängnis.

Ich war nicht überheblich, dass ich mich als Favoriten sah, meine Resultate der letzten Jahre bewiesen mein Können. Auf dem Papier war ich einer der Topleute – und erhielt deshalb für den ersten Gang einen ebenbürtigen Gegner: Stefan Fausch, Schlussgang-Teilnehmer am Eidgenössischen 2007.

Der Start war vielversprechend, Fausch lag auf dem Rücken, aber der Kampf hatte mich viel Energie gekostet. Im zweiten Gang konnte ich mich erfolgreich gegen Martin Grab wehren, den Unspunnensieger von 2006, technisch sehr versiert und im Kampf jeweils mit viel Cleverness bei der Sache. Ein Gestellter gegen Grab war eine gute Leistung, fand ich.

Doch es stellte sich keine Lockerheit ein, im Gegenteil: Jeder Gang war ein Krampf. Ich bezwang Pascal Gurtner und musste danach gegen den Eidgenossen Benji von Ah antreten. Ein guter Schwinger, aber nicht unbezwingbar. Wenn ich tatsächlich König werden wollte, musste ich einen Kerl von diesem Kaliber ins Sägemehl befördern. Es gelang mir nicht – im Gegenteil. Ich mühte mich ab und verlor. Ausgeträumt.

Ich lag auf dem Rücken und es brach eine kleine Welt zusammen. Sehr bitter. Auch deshalb, weil die Art und Weise, wie ich den Kampf verloren hatte, überhaupt nicht zu mir passte. Das war schlicht eine sehr schlechte Leistung von mir.

Obschon ich mich sonst so oft wieder aufraffen und motivieren konnte: Diesmal verweilte ich im Frust. Der Samstagabend war entsprechend flau.

Am Sonntag fing der Krampf so richtig an. Ich hatte bis dahin zwar keine miserable Punktzahl, aber innerlich war ich zu sehr in den Traum vom Königstitel verbissen und schaffte es nicht, richtig loszulassen. Abhaken und neue Ziele setzen, das hätte ich tun müssen.

Was ich hingegen tat: mich durchwursteln, irgendwie. Ich gewann gegen Andreas Fässler, verlor dann gegen Urban Götte. Nach dieser Niederlage schrieb ich das ganze Schwingfest ab, wäre am liebsten irgendwo in die Badi gegangen und hätte mein Schwingzeug in den Eimer geworfen.

> «Er hatte ein so hohes unausgesprochenes Ziel und nach der Niederlage im sechsten Gang brach eine Welt zusammen. Zusammen mit Claudia entfernten wir uns vom Rummel und versuchten miteinander, einen Weg aus dem Scherbenhaufen zu finden.»
> Robert Buchli, Sportpsychologe

Am Sonntagnachmittag stieg ich nur noch halbbatzig ins Sägemehl, gewann aber die letzten zwei Gänge gegen Roman Emmenegger und Stefan Gasser. Den Sieg gegen Gasser schaffte ich in der letzten Minute und sicherte mir dadurch den Kranz. Auf dem Papier sah mein Endergebnis gar nicht so schlecht aus und die Kranzränge hatte ich sogar mit einem Pölsterchen erreicht. Ich war gleichzeitig erleichtert und extrem enttäuscht.

Dieses Fest war ein einziger Kraftakt. Physisch, weil die Kämpfe jeweils länger dauerten, bis ein Ergebnis zustande kam. Beim Schwingen zehrt jede halbe Minute, die du länger im Kampf bist, massiv an deinen Energiereserven. Ich musste hart an meine Grenzen gehen, um überhaupt den Kranz zu schaffen. Und psychisch hatte ich enorm Mühe, mitten im Wettkampf umzuswitchen und die Gedanken an den Königstitel sausen zu lassen. Am Sonntag sass mir viel zu oft die Resignation im Nacken und es erforderte grosse mentale Anstrengung, um mich nicht einfach aufzugeben.

> «Mätthels Zielsetzung ähnelte einem Bogenschützen, der nur den kleinen schwarzen Punkt in der Mitte anvisiert, statt die gesamte Scheibe zu sehen. Eine cleverere Zielsetzung hätte beispielsweise gelautet: Wenn der erste Tag gut läuft, will ich im siebten Gang aus eigener Kraft um den Schlussgang schwingen können.»
> Robert Buchli, Sportpsychologe

Während ich rumknorzte, reihte mein Trainingskollege Kilian Wenger acht Siege aneinander, schwang jugendlich locker und unbeschwert, wie ich es drei Jahre zuvor in Aarau getan hatte – und wurde mit 20 Jahren Schwingerkönig. Kilian war young, wild and free – und ich hatte mich zu sehr unter Druck gesetzt mit meinem allzu fixen Ziel.

Andere suchen in solchen Momenten vielleicht nach äusseren Ursachen fürs Scheitern. Meine Begleitumstände waren zwar etwas anders als an früheren Eidgenössischen. Ab Freitagabend übernachtete ich mit Claudia in der Nähe, in einem Hotel am Bodensee. Von den Festen in Luzern und Aarau war ich jeweils am Samstagabend heimgereist und hatte in gewohnter Umgebung geschlafen.

Von aussen wird manchmal angenommen, die Teilverbände würden alles rund um ein Eidgenössisches organisieren – und wir Schwinger müssten nur noch einrücken und im Sägemehl unsere Leistung zeigen. Vielleicht glauben das die Leute, weil sie es bei anderen Sportarten mitbekommen. Im Fussball oder Eishockey erhalten die Athleten tatsächlich eine Rundumbetreuung, aber das sind Teamsportarten. Auch wenn wir an Eidgenössischen geschlossen in die Arena einmarschieren: Wir sind Einzelkämpfer. Rund um Grossanlässe gibt es zwar Annehmlichkeiten wie gemeinsame Trainings und Zusammenzüge, auch Unterkünfte werden nach Wunsch gebucht. Viele von uns sind es jedoch gewohnt, sich selber zu organisieren und suchen sich eigenständig Hotels oder private Übernachtungsmöglichkeiten. Jeder darf es so machen, wie es für ihn passt.

Es lag aber sicher nicht an den Begleitumständen, dass mir Frauenfeld so missriet. Der einzige Grund für meinen Misserfolg: Ich stand mir selber im Weg.

Das war mir eine Lehre. Ich schimpfte mit mir selber: Junge, halte deine Nase wieder runter, du bist nicht so ein Überflieger. Gefühlt 100 andere waren besser an diesem Fest.

Das war auch ein Zeichen, am Boden zu bleiben, hart zu arbeiten.

* * *

Ich brauchte eine Weile, um die Erlebnisse in Frauenfeld zu verarbeiten – mental, aber auch körperlich. Nach dem Eidgenössischen in Aarau hätte ich locker nochmals acht Gänge machen können, nach Frauenfeld waren meine Energiespeicher so leer, dass ich mehrere Tage kaum Kraft für irgendwas hatte.

Dann aber kehrte die Energie zurück. Und die Motivation, aus den Ereignissen zu lernen, Ziele anders zu formulieren.

> «Hohe Ziele zu definieren, ist wichtig. Aber Mätthel musste sich mehr Raum geben. Musste sich vornehmen, seine beste Leistung abzurufen, Schritt für Schritt zu nehmen. Und dann kommt raus, was raus kommt.»
> Robert Buchli, Sportpsychologe

Vor Frauenfeld hatte ich mir gesagt: Ich gehe dahin und will der Beste sein, ich bin Favorit. Künftig wollte ich mir sagen: Ich gehe dahin und gebe achtmal mein Bestes.

Den Fokus wegnehmen von starren Vorstellungen. Besser hohe Ansprüche formulieren, die einen nicht einengen.

Und ich nahm mir vor: Nicht mehr nur mit Zielen arbeiten, sondern auch mit Zwischenzielen. Und gedanklich ganz viele Was-Wäre-Wenn-Szenarien durchspielen, von positiv bis negativ.

Auch geistige Flexibilität lässt sich trainieren.

Sechster Gang gegen Urban Götte am Eidgenössischen Schwingfest
in Frauenfeld 2010. Foto: Rolf Eicher

Von Bubentraum bis Hassfest

Wichtige Wettkämpfe neben den Eidgenössischen

Zweimal nahm ich am Unspunnen-Schwinget teil, 2006 und 2011, zweimal am Kilchberg-Schwinget, 2008 und 2014. Ich war nie grottenschlecht, hinterliess aber auch keine bleibenden Erinnerungen.

Beim Unspunnen 2006 war ich noch sehr jung und einfach nur glücklich, dabei zu sein. 2011 hatte ich Schmerzen wegen Bänderrissen am Fuss einige Wochen zuvor; ich gewann vier Gänge, ganz solid.

> «2011 lernte er etwas Wichtiges: Wie werte ich Gänge aus? Das war im Nachgang des Eidgenössischen in Frauenfeld wichtig. Dort hatte er zu lange rumgegrübelt nach einem Gang, konnte sich nicht lösen. Deshalb schrieb er 2011 ausführliche Debriefings der Wettkämpfe, um seine Verarbeitung zu dokumentieren. Er hatte für sich eine ganz klare Regel entwickelt: Ein Gang geht so und so viele Minuten – und ich habe danach exakt so lange Zeit, um das Geschehene zu verarbeiten.»
> Robert Buchli, Sportpsychologe

In Kilchberg hatte ich 2008 einen guten Start mit drei Siegen. Blöderweise kam ich auf die Idee, just an diesem Fest ein neues Nahrungsergänzungsmittel auszuprobieren – obwohl ich schon am Eidgenössischen in Luzern gelernt hatte, dass man nicht beim Saisonhöhepunkt Neues versucht. Ich bekam Krämpfe und verlor die nächsten drei Gänge. Offenbar brauchte ich diesen zweiten Lehrblätz, um solche Experimente wirklich bleiben zu lassen. Bei der zweiten Teilnahme 2014 war es ein Auf und Ab, nicht schlimm, aber auch nicht nennenswert.

An diesen eidgenössischen Anlässen müsste es auch Kränze geben, das würde die Attraktivität massiv erhöhen und die Feste aufwerten. So gehst du halt hin und schwingst auf den Gesamtsieg. Wenn das nicht klappt, kommt eine Art Kehrausstimmung auf. Deshalb sind oftmals recht viele Junge in den vorderen Rängen, weil die Arrivierten nicht mit letzter Konsequenz kämpfen, wenn sie merken, dass der Festsieg ausser Reichweite liegt.

Deshalb reizten mich Eidgenössische Schwingfeste immer viel mehr. Für mich war das Kämpfen über zwei Tage anspruchsvoller und es ging um mehr als nur um Top oder Flop. Und wenn wir ehrlich sind, steht der Königstitel weit über dem Unspunnen- oder dem Kilchberg-Titel. Es gibt im Schwingen nichts Grösseres, als König zu sein.

Trotzdem können andere Triumphe emotional genauso viel bedeuten. Ich konnte den Brünigschwinget nie gewinnen, aber vielleicht wäre dieser Erfolg für mich gefühlsmässig noch extremer gewesen als der Königstitel.

* * *

Der Brünig, dieser Pass zwischen Berner Oberland und Obwalden, über den ich so oft fuhr. Als Jungschwinger mit meinem Vater oder meinem Onkel – und beide sagten dann immer ehrfurchtsvoll, dass nur die ganz Guten am Brünigschwinget mittun dürfen. Die alten Schwinger erzählten so viele Geschichten, die dort oben passiert waren.

Seit 1891 wird auf dem Brünig geschwungen, ein traditionelles Kräftemessen zwischen Bernern und Innerschweizern. Seit 1916 finden die Kämpfe auf dem jetzigen Platz statt. Die Teilnehmerzahl ist beschränkt, wegen des Platzmangels ist es ein exklusives Fest. Die vier Sägemehlringe sind aneinandergedrängt, in einem Halbrund darum herum die Naturarena mit rund 5000 Sitzplätzen und 1000 Stehplätzen. Dass die Tickets für die Sitzplätze nicht in den Verkauf gelangen, steigert den mystischen Stellenwert des Bergkranzfestes zusätzlich.

2003 durfte ich auf dem Brünig antreten, nur zwei Jahre nach meinem Übertritt von den Jungschwingern zu den Aktiven. Ich konnte es kaum fassen.

Die Nacht davor war der Horror, ich vibrierte innerlich vor Vorfreude und Anspannung, überlegte und überlegte und schlief vielleicht zehn Minuten.

Schon das Betreten des Geländes am frühen Morgen war speziell: Ich hatte gerade erst gefrühstückt und dann kam mir dort oben eine Duftwolke aus Chäsbrätel und Cheli entgegen. Es ist alles so eng dort, dass man den Gerüchen nicht entkommt.

In der Garderobe waren Martin Grab, Heinz Suter, Stefan Fausch und all die anderen Spitzenschwinger, die ich 2001 am Eidgenössischen in Nyon gesehen hatte. Damals hatte ich mich noch unglaublich weit weg von diesen Ikonen gefühlt und plötzlich war ich unter ihnen. Ich erstarrte fast vor Ehrfurcht.

Es war zwar nicht das erste Mal, dass ich Spitzenschwingern begegnete – 2002 hatte schon das Expo-Schwingen stattgefunden und da durften einige junge Schwinger zu den Aktiven ins Kadertraining. Es gab da jeweils eine klare Hierarchie. Als Neuling standst du einfach zuhinterst im Schwingkeller in einer Ecke, warst still und hast gewartet, bis dich einer zum Kampf aufforderte. Später fuhrst du nach Hause und erzähltest aufgeregt, mit wem du schwingen durftest. Heute sind die Jungen teilweise etwas forscher, was mich manchmal irritierte.

Ich trat also total übermüdet auf dem Brünig an, staunte in der Garderobe herum und versuchte, keinen Mucks zu machen, niemandem im Weg zu stehen. Und dann begann das Fest. Ich gewann den ersten Gang und stand im zweiten Gang Heinz Suter gegenüber. Ich, der Berner Jungspund, gegen diesen Innerschweizer Spitzenschwinger, der zuvor schon zweimal auf dem Brünig triumphiert hatte. Insgesamt gewann er das Bergkranzfest sogar dreimal. Mit Müh und Not konnte ich ihm einen Gestellten abringen – ein erstes grosses Highlight! Auch sonst verlief das Schwingfest gut.

Damals gab es noch keine App, wo die Rangliste sofort ersichtlich war. Ich musste bis abends um halb Sechs warten, bis die offizielle Rangliste verteilt wurde. Ich ging duschen, allein das ist auf dem Brünig schon speziell: Es hat eine Garderobe für 120 Schwinger, eine Dusche mit vier Duschköpfen und nach etwa 20 Minuten gibts nur noch kaltes Wasser. Seit 2013 befindet sich die Garderoben in einem Neubau, dort ist der Komfort höher. Nach dem Duschen zog ich den Mutz an, kehrte aufs Festgelände zurück und riss dem ersten Zuschauer die Rangliste aus der Hand.

Es hatte gereicht, ganz knapp. Die Affiche war ohnehin schon bedeutsam für mich – und dann schaffte ich tatsächlich den Kranz, mit 17 Jahren. Wahnsinn.

Dieser Kranzgewinn war eine enorm emotionale Angelegenheit. Einerseits, weil der Brünigkranz lange mein grösster Traum gewesen war – bis Roli mich ermutigte, noch grösser zu träumen. Und andrerseits, weil die Erwartungen im Haslital hoch waren. Nach dem Rücktritt von Christian von Weissenfluh hofften alle, dass wieder Junge kommen und die grosse Lücke füllen. Auch wenn das Eidgenössische wichtig war, im Dorf redeten die Leute oft nur von Brünig, Brünig, Brünig. So früh schon den begehrten Kranz zu holen, nahm mir sehr viel Druck.

Ich war unfassbar stolz, blieb abends lange auf dem Areal, mit dem Kranz auf den Kopf. Es regnete heftig, die Schrift auf der Schlaufe war am Schluss ganz verwaschen.

Ich erinnere mich gut an die erste Autogrammkarte, auf der Frontseite ein Foto von mir mit dem ersten Brünigkranz.

Insgesamt besitze ich 12 Brünigkränze, das macht mich persönlich sehr stolz. Ein Sieg wäre grandios gewesen. Ich stand während meiner Karriere dreimal im Schlussgang, blieb dort aber erfolglos.

Es gehen nie alle Träume in Erfüllung. Wenn du aber gar nicht träumst, wirst du wahrscheinlich auch nirgendwo hinkommen.

* * *

Die anderen Bergkranzfeste haben für mich nicht dieselbe Bedeutung wie der Brünig. Aber ich bin stolz darauf, von jedem dieser Feste mindestens zwei Kränze zu besitzen.

Auf der Rigi schwang ich immer super und konnte 2009 gewinnen. Auch auf die Schwägalp ging ich immer sehr gerne, erreichte dort anständige Resultate und war 2015 Festsieger.

Der Schwägalp-Schwinget 2008 bleibt mir unter anderem in Erinnerung, weil mein Cousin Simon Anderegg und ich zwei spezielle Autofahrten hatten. Wir fuhren oft gemeinsam an Schwingfeste, beide schliefen lieber im eigenen Bett und reisten dann frühmorgens an.

> «Auf dem Hinweg redeten wir jeweils über unsere Taktik. Aber wir konnten auch immer sehr gut nebeneinander schweigen.»
> Simon Anderegg, Cousin

2008 fuhren wir um vier Uhr daheim los. Unterwegs mussten wir tanken und ich wählte am Selbstbedienungsautomaten die falsche Säule, die mit dem Lastwagenstutzen. Der passte nicht in die Tankklappe. Also besorgte sich Simon im Wald neben der Tankstelle ein Stecklein, um die Tankklappe aufzudrücken, und ich liess gutschweise Benzin rein. Das Tanken ging eine gefühlte Ewigkeit.

Wir schwangen gut auf der Schwägalp, ich wurde Zweiter und er holte den Kranz. Auf der Rückfahrt schlief Simon im Auto, ich fuhr, und plötzlich war ich mitten in der Stadt Zürich. Simon erwachte und fragte, was wir denn in Zürich machen, der Hinweg frühmorgens habe definitiv nicht durch Zürich geführt. Danach fand ich den Heimweg aber recht schnell wieder.

Beim Stoos-Schwinget war ich zweimal. Ich schaffte beide Male den Kranz, aber es war ein Geknorze. Auf dem Weissenstein musste ich relativ lange um den Kranz kämpfen, einmal verpasste ich ihn, einmal wurde der Wettkampf nach zwei Gängen wegen eines Unwetters abgesagt, beim dritten Mal klappte es.

Ganz schlimm war für mich der Schwarzsee-Schwinget. Man könnte von einer Hassliebe sprechen, aber das wäre noch beschönigt. Das war mein Hassfest, ich kam dort nie richtig in die Gänge, wortwörtlich. Egal, wie ich meine Einstellung für dieses Fest veränderte, ob ich mir hohe Ziele steckte oder es möglichst locker anging: Es schaute nie ein richtig gutes Resultat raus.

Mehrmals trat ich an und gewann den Kranz nicht. Einmal konnte ich nach vier Gängen nicht mal mehr um den Kranz schwingen, sowas passierte mir in meiner Karriere wirklich sehr selten. Einmal musste ich nach drei Gängen abbrechen wegen Schmerzen im Fuss. Und mein verkrüppelter Mittelfinger stammt auch vom Schwarzsee, ich hatte ihn mir dort ausgerenkt.

Die Landschaft ist so schön dort, das Fest wurde immer hervorragend organisiert, die Rahmenbedingungen stimmten, die Atmosphäre war toll; es war ein würdiges Bergfest und insgesamt fuhr ich siebenmal mit einem Kranz heim. Aber dass ich dort nie so wirklich meine Leistung abrufen konnte, egal, was ich probierte, das wurmt mich.

* * *

Manche Schwingfeste möchte man schnell vergessen, andere im Gedächtnis verankern. An speziellen Schwingfesten entschied ich mich im Gabentempel jeweils bewusst für ein Andenken, etwa an auswärtigen Teilverbandsfesten, am Unspunnen- oder Kilchberg-Schwinget oder beim Gewinn des 100. Kranzes.

Das System Gabentempel finde ich toll. Das Auswählen einer Gabe war meist das i-Tüpfelchen auf eine gute Leistung. Die grosszügigen Gabentempel an den Schwingfesten sind nicht selbstverständlich, ich zolle den Verantwortlichen grossen Respekt, was sie da jeweils zusammenbrachten. Wie es sich gehört, verdankte ich meine Gabe den Spenderinnen und Spendern immer innert kurzer Frist mit einem handgeschriebenen Brief.

Die Taktik des Auslesens änderte sich über die Jahre. Anfangs nahm ich wann immer möglich eine Glocke oder Treichel mit nach Hause. Bei den Jungschwingern gab es nur die ganz kleinen Exemplare und fühlte ich mich bei den Aktiven fast wie in einer Schatzkammer. Mit der Zeit realisierte ich, dass ich noch viele Schwingfeste vor mir habe und nicht jeden Sonntag eine Glocke heimnehmen konnte. Also suchte ich mir Barpreise aus oder Dinge für den Alltag. Und manchmal fiel das Auswählen weg, weil ich so weit vorne klassiert war, dass ein Lebendpreis auf mich wartete.

Tränen statt Triumph

Burgdorf 2013

Das Jahr 2013 war da.

Ich setzte mich in den Schnee und blickte ringsum. Eine grosse, schneebedeckte Fläche, links und rechts Bäume mit weissen Kronen. Keine Arena, keine Zuschauer, kein Sägemehlduft.

Gemeinsam mit meinem Sportpsychologen Röbi Buchli war ich nach Burgdorf gereist, auf das Areal, wo in einigen Monaten das Eidgenössische stattfinden würde.

2013: Diese Zahl hatte ich seit so vielen Jahren im Kopf – seit ich gemeinsam mit Roli im Fitnesscenter auf einem Bänkchen gesessen und meine Vision als Leistungssportler festgelegt hatte. Jetzt war dieses Jahr da, jetzt fand das Eidgenössische in meinem Kanton statt. Ich war 27, im besten Schwingeralter, und super in Form.

> «Ich liess ihn fünf Minuten allein da sitzen. Er ist eigentlich ein Typ, der recht viel Sicherheit braucht. Deshalb fand ich es wichtig, dass er sich so früh mit dem Fest auseinandersetzt.»
> Robert Buchli, Sportpsychologe

Ich sass da und visualisierte, was ich an diesem Fest erreichen wollte: achtmal mein Bestes geben. Das Zwischenziel: im siebten Gang aus eigener Kraft um den Schlussgang schwingen.

Die Enttäuschungen von Frauenfeld waren aufgearbeitet, ich hatte gelernt, mich nicht durch allzu fixe Ambitionen selbst zu blockieren. Ich war sicher: Das passiert mir nicht nochmal.

Stimmt. Aber zufriedenstellend endete das Fest trotzdem nicht.

Die Fläche, auf der ich vor wenigen Monaten ganz allein hockte, war jetzt ein Festareal.

Simon Anderegg und ich logierten ab dem Freitag bei einer Tante von ihm in Kirchberg. Die Reise von meinem Wohnort Thun ins Emmental wäre zwar nicht weit gewesen. Aber da sich die gute Übernachtungsmöglichkeit bot, verzichteten wir gerne auf eine frühmorgendliche Anreise ans Fest.

Hunderttausende von Füssen trampelten über das Gelände, ein friedliches Volksfest, wo die Polizei kaum was zu tun hatte – ab und zu ein verlorenes Portemonnaie, das meistens auch wieder auftauchte, inklusive Inhalt. Ein Grossanlass, der genau zu dem Bild der heilen Welt passte, das viele mit dem Traditionssport verbinden.

Dieses Eidgenössische toppte die Zahlen vorangegangener Events. Das Budget betrug 25 Millionen Franken, der Wert aller Gaben über 800000 Franken, 60000 ehrenamtliche Helferstunden wurden für das Fest aufgewandt. Alles dafür, dass sich 278 Schwinger messen konnten; und dazu noch 400 Hornusser und 121 Steinstösser.

Ich wusste, ich bin unter den 278 Teilnehmern einer der stärksten. Meine Ambitionen machte ich aber nicht gross publik. Im Lauf der Zeit waren immer andere Topfavoriten auf den Königstitel oder äusserten sich klar dazu; das war mir jeweils ganz recht.

Samstagmorgen, ein schöner Sommertag und lautes Stimmengewirr um mich herum. Mein Startgegner hiess Beni Notz, ein oft unbequemer und zäher Gegner, aber ich hatte mich im Vorfeld intensiv auf ihn eingestellt. Ich musste etwas beissen und am Boden einige Male anpacken, musste dranbleiben, aber meine Beharrlichkeit zahlte sich aus. Ich siegte zwar nicht mit Maximalnote, aber das war okay. Hauptsache, gut in den Tag gestartet.

Die Hitze drückte schon recht auf das Festgelände, als ich auch Fredi Kohler und Urs Abderhalden ins Sägemehl drückte – diesmal beide mit der Note 10.

Im Kampf um den begehrten Kranz gegen Roger Imboden am Eidgenössischen Schwingfest in Burgdorf 2013. Foto: Rolf Eicher

Urs humpelte nach dem Gang davon, er hatte sich wohl im Gang verletzt. Im ersten Moment realisiert man mögliche Verletzungen des Gegners eher nicht, da man total fokussiert im Gang ist. Es besteht natürlich nie die Absicht, einen Gegner zu verletzten, aber der Schwingsport bietet ein gewisses Risiko. Ich ging sofort nachfragen, ob alles okay sei und erkundigte mich später auch nochmals in seinem Umfeld. Zum Glück konnte Urs den Wettkampf beenden.

Ich war auf Kurs und optimistisch: dreimal mein Bestes gegeben, drei Siege auf dem Konto und nicht übermässig viel Energie liegenlassen beim Kämpfen.

Im vierten Gang musste ich gegen den Eidgenossen Philipp Laimbacher antreten. Wieder mal. Gefühlt an jedem Fest, an dem wir beide antraten, gab es dieses Duell. Insgesamt waren es über meine gesamte Karriere mehr als ein Dutzend Kämpfe gegen Philipp – so viele wie sonst gegen keinen anderen Schwinger eines anderen Teilverbandes.

Der Innerschweizer gehörte zum Favoritenkreis, war lange verletzt gewesen und dementsprechend schwer einzuschätzen. Er hatte zuvor im Wettkampf schon einen Gang gestellt und brauchte eher einen Sieg als ich. Für mich war es immer wichtig zu wissen, wie der bisherige Wettkampfverlauf eines Gegners aussah. Es spielt eine grosse Rolle, ob einer «under the gun» ist, also total unter Druck steht oder nicht. Dank diesem Wissen kann man besser abschätzen, ob jemand passiv sein wird oder die Offensive suchen muss.

Philipp war mehr unter Druck. Ich kämpfte, aber sicher nicht mit grösster Risikobereitschaft und war mit dem Gestellten einigermassen zufrieden. Er schied wegen dieses Resultats aus dem Rennen um den Königstitel aus, für mich war weiterhin alles offen.

Ich beantwortete ein paar Interviewfragen und schwafelte, ehrlich gesagt, etwas belangloses Zeug. Man fragte mich, wie sehr ich nach vier Gängen an den Königstitel dachte. Jeder, der dann grosse

Töne spuckt, tut sich damit keinen Gefallen. Ich wollte weder den eigenen Druck erhöhen noch die Erwartungshaltung von aussen. Also sagte ich, dass ich mich einfach auf den fünften Gang fokussieren würde.

Konzentration auf den nächsten Gegner und Gang und während des Wettkampfes nur am Mittag oder kurz nach dem Fest ein Interview geben – diese Taktik hat sich die ganze Karriere hindurch bewährt.

Am frühen Sonntagmorgen kam mein Schlüsselgang: Ich trat gegen Markus Schläpfer an, ein sehr unbequemer Gegner, aber ich bodigte ihn mit einem Plattwurf. Prüfung bestanden, gut in den Sonntag gestartet. Nun lag ich weit vorne in der Rangliste – zusammen mit anderen Bernern.

Ich hörte via Lautsprecher den Namen meines nächsten Gegners: Christian Stucki.

Musste das jetzt wirklich sein?

Mein Verbandskollege, Kilchberg-Sieger 2008, gleich alt wie ich, und ein grosser Favorit auf den Königstitel. Einer der schwierigsten Gegner überhaupt, weil er wegen seiner Körpergrösse und Masse schwer bezwingbar war. Zudem technisch wesentlich gewiefter, als manche ihm zutrauten.

Es wird möglichst vermieden, aber manchmal kommt es halt doch vor: Man muss gegen die eignen Verbandskollegen antreten. Das passiert, wenn ein Verband derart dominiert, dass viele seiner Vertreter an der Ranglistenspitze sind. Die Zuständigen bei der Einteilung haben dann keine andere Möglichkeit, als verbandsinterne Duelle zu arrangieren.

Ich war nicht glücklich über dieses Duell, doch das half ja nichts. Also: aufs Duell fokussieren und mich stark reden.

Wir traten ins Sägemehl, reichten uns die Hand und versuchten, den anderen in die Knie zu zwingen. Aber der Gang endete gestellt.

Das Ergebnis fühlte sich nicht so befriedigend an, auch wenn ich in diesem Fall mein Maximum gegeben hatte. Die Unzufriedenheit lag eher an den Umständen als an meiner Selbsteinschätzung.

Ich richtete den Fokus wieder nach vorne, auf den siebten Gang. Dann tönte aus dem Lautsprecher wieder mein Name, und der meines Gegners: Matthias Sempach.

Wieder ein Verbandskollege, wieder ein Topfavorit. Ich regte mich tierisch auf, auch wenn man das von aussen nicht mitbekam. Oder nur dann, wenn man mich etwas besser kannte.

Es half nichts, wir traten an. Meine Ausgangslage war schwierig, eine Mammutaufgabe: Matthias hatte zuvor alle sechs Gänge gewonnen, ich stand mehr unter Druck als er. Und an diesem Fest schwang er wie von einem anderen Stern, war in Topverfassung. Um rechnerisch überhaupt noch Chancen auf den Königstitel zu haben, hätte ich ihn in diesen Gang mit der Maximalnote besiegen müssen, und dann im Schlussgang gleich nochmals. Es brauchte also volles Risiko – und ging nach hinten los.

Ich lag auf dem Rücken. Aus, vorbei.

Matthias gab mir die Hand, wischte mir das Sägemehl vom Hemd und ich ging so schnell wie möglich vom Platz. Ich sah, wie der technische Leiter der Berner zu Matthias ging und ihm auf die Schulter klopfte. Und fühlte mich in dem Moment total verloren.

Natürlich wusste ich, dass der technische Leiter bei der Einteilung eine schwierige Aufgabe hatte. Natürlich wusste ich, dass diese unbequeme Einteilung keine absichtliche Massnahme gegen mich war. Aber ich fühlte mich verraten, weil es so schien, als ob an diesem Fest niemand auf mich gesetzt hatte und ich drum gut verheizt werden konnte.

Das war frustrierend, weil ich glaubte, ich sei gut drauf, sei ein guter Schwinger. Auch mit meiner sozialen Ader hatte ich viel fürs Team gemacht. Ich war der Meinung, dass das irgendwas gelten würde.

Meine ganze Enttäuschung entlud sich in diesen ersten Minuten nach dem siebten Gang. Ich schaffte es nicht mehr bis ins

Garderobenzelt, die Tränen platzten schon auf dem Weg dahin aus mir heraus.

> «Er kam hinter die Tribüne, sass auf den Boden und weinte. Das war sehr schwierig für mich, weil ich auch nah am Wasser gebaut bin. Und weil ich wusste, dass er sich jetzt nochmals voll aufraffen und den letzten Gang über die Bühne bringen musste. Er war da sehr im Loch, aber ich war sicher: Er würde das meistern.»
> Claudia Hediger, Freundin

Ich weinte zehn Minuten lang, so heftig wie noch nie zuvor an einem Wettkampf. Es waren bittere zehn Minuten – sie sollten mich noch lange prägen.

Dann ging ich hinter das Berner Garderobenzelt, sass eine halbe Stunde lang einfach da, stierte vor mich hin. Das innere Tosen verebbte langsam, ich konnte wieder klarer denken und fühlte mich wie drei Jahre zuvor in Frauenfeld.

Wieder hiess es: Den Königstitel kannst du vergessen, aber dein Wettkampftag ist nicht vorüber.

Zeig nochmals, was du kannst.

Immer wieder sagte ich mir das, bis die Motivation einigermassen reichte, um aufzustehen und zum letzten Kampf anzutreten.

> «Es gibt Rezepte für alle möglichen Situationen, aber die allein nützen noch nichts. Du musst manche Dinge erleben, selber durchmachen. Er kannte viele Techniken, aber um sie anwenden zu können, musste er gewisse Erfahrungswerte haben. Nur Schubladen haben, nützt nichts, du musst sie mit eigenen Erlebnissen füllen, um dann darauf zuzugreifen.»
> Robert Buchli, Sportpsychologe

Es kostete mich viel Kraft, dieses Aufraffen, aber der Aufwand wurde belohnt: Ich bezwang Roger Imboden mit einer 10, war im sechsten Schlussrang, erhielt den Kranz und ein Pferd.

Die Rangverkündigung konnte ich einigermassen geniessen. Ich zog das Prozedere einfach durch und wusste: Ich werde das Geschehene nochmals durchdenken und verarbeiten.

Ich werde etwas Wichtiges daraus lernen.

Ich freute mich für Matthias Sempach, er war an diesen zwei Tagen mit Abstand der Beste. Und diese Tatsache führte mich zu einer wertvollen Erkenntnis: Ich war an diesem Tag nicht gut genug – sonst hätte ich ihn ins Sägemehl gebettet statt er mich.

Viele Leute wollten mir in diesen ersten Stunden ihr Mitleid bekunden, aber ich mochte das nicht hören. Ich war schon einen Schritt weiter und sagte mir: Das Einzige, was du als Sportler beeinflussen kannst, ist deine Leistung. Die war nicht gut genug, sonst hättest du Stucki und Sempach bezwungen.

Die Einteilung war ungünstig, aber das sollte keine Entschuldigung sein für mein Scheitern. Ich war einfach zu schlecht an diesem Fest.

Zu schlecht, um König zu werden.

Entweder konnte ich jetzt wochenlang jammern über ein angebliches Unrecht oder ich konnte das Erlebte als Impuls nehmen, um mich zu verbessern.

Nach der Rangverkündigung des Eidgenössischen
Schwingfests in Burgdorf 2013. Foto: Rolf Eicher

«Eigentlich hatte Mätthel sein formuliertes Ziel erreicht, er konnte im siebten Gang um den Schlussgang schwingen. Aber er hatte zwei Chancen auf den Schlussgang und nutzte beide nicht. Er hätte eine gute Entschuldigung gehabt, um in die Opferrolle zu gehen, wollte aber genau das nicht – und machte eine wichtige Umbewertung. Umbewerten kann man lernen, aber nicht von heute auf morgen; das zeigte, wie gut er mental war. Ich ziehe noch heute meinen Hut vor ihm, wie er aus der Situation in Burgdorf die richtigen Schlüsse ziehen konnte und das Erlebte ihn nochmals stärker gemacht hat.»
Robert Buchli, Sportpsychologe

Die Sonne war noch nicht hinter der malerischen Emmentaler Hügellandschaft verschwunden, da stand für mich schon fest, was ich künftig wollte im Training: Mehr Quantität mit noch viel mehr Qualität!

Ich hatte keine Ahnung, wie das gehen sollte, noch mehr trainieren. Aber alles Bisherige reichte offensichtlich nicht. Ich wollte besser werden, damit ich die Entscheidung wirklich in meinen Händen hatte und nicht auf günstige Umstände angewiesen war.

Also war die Marschrichtung klar: Mach in den drei Jahren nach Burgdorf alles, damit du beim nächsten Eidgenössischen zurückschauen kannst mit dem Wissen, alles getan zu haben, damit es gut kommt. In jedem einzelnen Gang, jede einzelne Sekunde.

Diese Perspektive half, den Abend zu geniessen. Die Stunden nach so einem Grossanlass verfliegen jeweils, in Burgdorf war es nicht anders. Nach der Rangverkündigung folgten Fotoshootings mit den Lebendpreisen, danach Abendessen, und schon war es nach Mitternacht. Ich trank ein oder zwei Bier, redete mit den anderen und war gegen fünf Uhr morgens im Bett.

Schlafen ist schwierig nach einer derart intensiven Wettkampfzeit, das Adrenalin pumpt noch stundenlang durch den Körper. Ich machte kurz die Augen zu, war gegen sieben schon wieder wach, packte meine Sachen und fuhr nach Hause.

Im Kopf ein neues Ziel: Estavayer 2016.

Dem Schwingen alles unterordnen. Wirklich alles.

Input vom Sportpsychologen Robert Buchli

Wie kann ich grosse Niederlagen verarbeiten und gestärkt daraus hervorgehen?

Heute, als dreifacher Familienvater und langjähriger Coach im Spitzensport, verstehe ich, dass Menschen die wesentlichsten Dinge nur bedingt von anderen lernen können. Es braucht eigene bewegende Erfahrungen, damit echtes Lernen entsteht – dies aber nur dann, wenn aus dem Erlebten die richtigen Schlüsse gezogen werden.

Diesen Lernprozess zu systematisieren und damit Lernen zu vertiefen und zu beschleunigen, erachte ich als eine wichtige übergeordnete Aufgabe meiner Rolle als Coach.

Durch die Verarbeitung von Niederlagen zum Erfolg

2010 in Frauenfeld machte Matthias die Erfahrung, dass er plötzlich vor einem Trümmerhaufen stand nach dem verlorenen sechsten Gang. Er konnte sich nicht mehr für den Schlussgang qualifizieren und für den anvisierten Königstitel war kein Plan B vorhanden. Er brauchte extrem lange, um zu akzeptieren, dass er jetzt nichts mehr an dieser Niederlage ändern konnte.

Wichtig für ihn war nun, dass er wieder aufstehen und die letzten zwei Gänge für sich entscheiden konnte. Durch diese Erfahrung lernte er: Es lohnt sich, einen eigenen Weg zu zeichnen und unterschiedliche Szenarien für sich durchzugehen, um das Minimalziel niemals aus den Augen zu verlieren. Jahre später hörte ich von ihm die Aussage: «Minimalziele erreiche ich immer», was mich sehr freute, weil er dadurch Ressourcen schaffen konnte in seinem Kopf für Wesentlicheres als den Ausgang des Wettkampfes.

Er hatte verstanden, dass seine Aufgabe darin besteht, ein glasklares WIE zu entwickeln und sich der Frage zu stellen, WARUM gerade er sich durchsetzen wird.

In Burgdorf machte er dann die Erfahrung, dass je nach Verlauf des Anlasses jeder erdenkliche Schwinger als Gegner in Frage kommt und dass Grosses nur zu erreichen ist, wenn er bereit ist, sich mit der Frage auseinanderzusetzen, wie er jeden Gegner besiegen kann.

Heute bin ich überzeugt, dass Matthias' Vorerfahrung im sechsten Gang von Burgdorf gegen den Verbandskollegen Christian Stucki (späterer Schlussgangteilnehmer 2013) und im siebten Gang gegen den Verbandskollegen Matthias Sempach (späterer Schwingerkönig 2013) für seine Entwicklung von grosser Bedeutung war.

Von den Medien und von vielen Leuten aus dem Umfeld wurde er als Bauernopfer dargestellt und als der, der unfair behandelt wurde. Er selbst hatte schnell eine andere Perspektive eingenommen und verstanden, dass es noch mehr braucht, um Grosses zu erreichen. Die Perspektive zu wechseln, sollte drei Jahre später in Estavayer eine wichtige Qualität für ihn sein, um vor dem Schlussgang die richtigen Schlüsse zu ziehen.

Matthias Glarner war in Schwingerkreisen dafür bekannt, dass er wenig bis gar nie Gänge verlor. Ihm wurde allerdings auch bewusst, dass er mehr Risiko eingehen musste, um gegen grosse Brocken anzukommen.

Greifbares für deinen Alltag
- ALLEZ: Analysiere – Lerne – suche nach Lösungen – entwickle dich weiter – setze dir Ziele
- Akzeptiere Dinge, die sich nicht ändern lassen.
- Es gibt keinen anderen Weg als den Weg durch die Angst hindurch. Misserfolg ist Teil jeder nachhaltigen Erfolgsgeschichte.

Leben am Limit

Drei Jahre Vorbereitung auf Estavayer

Burgdorf war Geschichte, Estavayer die Zukunft.

Ich war sicher: Wenn ich gleich weitertrainiere mit der gleichen Qualität, dann würde es wieder nicht reichen. Es musste auf irgendeine Art noch mehr und noch besser werden, insgesamt noch professioneller.

> «Mätthel sagt zu mir: ‹Roli, ich will noch mehr Quantität mit mehr Qualität.› Nicht eine Sekunde blickt er frustriert zurück auf das, was war.»
> Roli Fuchs, Athletiktrainer

Ich zweifelte nicht daran, dass ich die Disziplin besass, um drei Jahre lang alles ins Schwingen zu investieren. Harte Arbeit bereitete mir eine innere Befriedigung und der Elan, aus mir die bestmögliche Version zu machen, liess nie nach.

> «Nach Burgdorf kam Mätthel auf mich zu und sagte: ‹Wir müssen etwas machen. Es ist zu nett geworden. Entweder verändern wir was an unserer Situation, oder wir müssen die Situation ändern, also die Zusammenarbeit sein lassen.› So eine Rückmeldung erlebte ich in meiner Laufbahn nur dieses eine Mal. Die meisten lehnen sich zurück, wenn es mal etwas gemütlicher wird. Er aber will nicht ruhen, sucht ständig neue Impulse.»
> Robert Buchli, Sportpsychologe

Schwägalp-Schwinget 2015 mit gewonnenem Rind und Partnerin Claudia.
Foto: Rolf Eicher

Roli und Röbi waren bereit, nochmals mit mir den Weg weiterzugehen und das Maximum herauszuholen – ich fühlte mich optimal aufgestellt für drei Jahre Vollgas.

Ich umgab mich schon immer am liebsten mit Menschen, die in gewissen Bereichen besser sind als ich, von denen ich profitiere. Die mir Futter geben, damit ich wachsen kann. Roli, Röbi, Claudia, Simon und Beni sind solche Menschen. Sie hatten mich schon oft weitergebracht, waren immer ehrlich zu mir und hinterfragten mich auch mal. Tausendmal besser als Schafe, die einfach mittrotten.

Auch meine Familiensituation war gut: Keine Kinder, volle Freiheit. Andere Schwinger werden während ihrer Laufbahn Vater, für mich wäre das undenkbar gewesen. Wenn schon, dann richtig – dieses Motto meines Vaters bezog ich auch aufs Familienleben.

Ein bisschen Spitzensport, ein bisschen Elternschaft? Für mich unbefriedigend. Wenn ich mich zu etwas bekenne, dann vollends. Und ich hätte nicht gleichzeitig präsenter Vater und engagierter Spitzensportler sein können, weil es mit meinen körperlichen Voraussetzungen eine hundertprozentige Investition in den Sport brauchte, um überhaupt eine Chance auf einen Spitzenplatz zu haben.

Aus meiner Masterarbeit, die ich 2014 fertigstellte, geht hervor, dass ich mit meinen 184 Zentimetern und 113 Kilogramm ein Durchschnittsschwinger war. Die Könige der letzten 20 Jahre waren alle grösser als ich. Darum: volles Engagement. Fokus auf einen grossen Hut.

Sportlersein auf diesem Niveau ist nicht etwas, das man 8 Stunden am Tag macht und dann ist Feierabend. Sportlersein bedeutet für mich: 24/7 alles geben. Und alles hat einen Einfluss auf die Leistung. Schlaf, Essen, Ausruhen. Zwei Stunden Nichtstun hat eine Relevanz, Schlafunterbrechungen haben Auswirkungen, Abweichungen vom Ernährungsplan zeigen Folgen.

«Es gibt in dieser Sportart sicher nur eine Handvoll, die bereit sind, so viel zu investieren.»
Robert Buchli, Sportpsychologe

Es mag unromantisch und hart klingen, aber wenn Claudia damals gesagt hätte, sie möge mich nicht mehr unterstützen, wolle sofort Kinder oder endlich mehr Zeit miteinander, dann hätten wir uns getrennt. Ich wollte diese drei Jahre in meine Leidenschaft investieren und war bereit, einen hohen Preis dafür zu zahlen.

Zum Glück musste ich mich nicht entscheiden zwischen Liebe und Leidenschaft.

Auch die engsten Freundschaften hielten, die Familienbande sowieso. Alles andere schraubte ich praktisch auf null. Training hatte oberste Priorität.

«Ich verbrachte während seiner Karriere mehr Samstagmorgen mit ihm als mit meiner Familie. Der Samstag war für uns fast heilig in der gesamten Trainingsgruppe.»
Roli Fuchs, Athletiktrainer

Mein extremer Fokus bedeutete, dass ich zwischendurch einsame Momente erlebte, aber das war es mir wert.

Ganz so einfach ging das Runterschrauben der Sozialkontakte natürlich nicht. Ich musste lernen, mich von äusseren Ansprüchen zu distanzieren. Gemeinsam mit Röbi arbeiteten wir intensiv daran, eigene Bedürfnisse zu priorisieren. Nein zu sagen. Ich war erst der Überzeugung, ich hätte das ziemlich gut gemacht in den vergangenen Jahren; aber in Mikro-Entscheidungen sagte ich noch viel zu oft Ja.

Zum Beispiel bei Hochzeitsfesten am Samstag. Die waren eigentlich nicht anstrengend, rein körperlich. Aber die Leute fragten mich, wie ich mich fühle, was am Sonntag für ein Wettkampf anstehe, wie meine bisherige Saison verlaufen sei und so weiter. Nett gemeinte Fragen. Mich am Vortag schon mit so sehr dem Schwingen zu befassen und Auskunft zu geben, ermüdete mich allerdings mental und minderte im Wettkampf selber meine Präsenz.

Als mir das bewusst wurde, konnte ich Claudia schlüssig erklären, weshalb ich nicht mehr mitkam an solche Feiern oder andere gesellige Anlässe.

> «Die Wochenenden sahen immer gleich aus: Am Samstag das Training im Kraftraum, danach gingen alle Athleten mit Roli essen, am Abend war Erholung angesagt – unternehmen konnte man also nichts. Am Sonntag entweder Wettkampf oder Regeneration.»
> Claudia Hediger, Freundin

Ich war froh um ihr Verständnis und um ihre Selbständigkeit. Sie machte vielfach ihr eigenes Ding und so gab es bei uns keine unausgesprochenen Erwartungen, keinen unterschwelligen Frust.

Eigene Bedürfnisse erkennen und formulieren. Das bringt Klarheit, für alle.

Ich erkannte, dass mich die geistige Vorarbeit auf ein Schwingfest generell ermüdete – ob Leute mich ausfragten oder nicht.

Längst zählte ich an jedem Fest zu den Topschwingern und vom Moment an, als die Spitzenpaarungen bekanntwurden, ratterte mein Hirn jeweils. Anfangs wurden die Paarungen am Freitag veröffentlicht, irgendwann jeweils schon am Donnerstag – der Horror für mich, total energieraubend.

Manchmal fuhr ich abends Auto und spürte plötzlich, wie mein Puls hochschoss. Das Hirn studierte so stark am Gegner des ersten

Ganges rum, dass sich der Körper bereitmachte zum Kampf.

Die Umstände mit der Bekanntmachung von Paarungen konnte ich nicht ändern, also musste ich meine Einstellung anpassen, das Hirn möglichst ausschalten. Ich versuchte, alles zu komprimieren, die Schwingfeste möglichst klein zu machen und meine Rituale zu reduzieren. Wenig Vorlauf, wenig Nachlauf, damit es nicht zu viel Energie kostete. Das klappte recht gut. Trotzdem konnte ich am Samstagabend jeweils kaum noch was essen vor Anspannung.

Dagegen fand ich kein Mittel, der Magen war mein Schwachpunkt.

* * *

Manchmal muss man Schwächen einfach hinnehmen. Davon war ich auch bei der Schwingtechnik überzeugt.

Ich war nie der talentierteste und vielseitigste Schwinger, probierte es von Beginn meiner Laufbahn an viele Jahre lang im Wettkampf fast nur mit dem Kurz in einigen Ableitungen.

Ich hätte mit aller Kraft versuchen können, ein breiteres Repertoire an Schwüngen aufzubauen. Aber damit wäre ich höchstens ein durchschnittlicher Schwinger geworden. Meine Stärke aber lag darin, an etwas zu feilen, unermüdlich.

Drum tüftelte ich 15 Jahre am Kurz herum. Ich übte ihn in verschiedenen Varianten und konnte ihn je nach Situation anpassen – für grosse oder kleine Gegner, leichte oder schwere. Je nachdem, wie man die Griffart anpasst, hat das bedeutsame Folgen.

Als ich etwas älter und besser wurde und die Gegner immer schwerer wurden, begann ich 2010 mit dem Üben des Fussstichs. Das ist eigentlich dieselbe Bewegung wie beim Kurz, aber man hievt den Gegner nicht durch die Luft, sondern zieht ihn am Boden nach. Am Übersprung versuchte ich mich ebenfalls jahrelang, kriegte ihn allerdings während meiner Karriere nie richtig hin.

Natürlich kannte ich noch ein paar andere Schwünge und wandte sie gelegentlich an, um etwas unberechenbar zu sein; aber damit gewann ich maximal ein bis zwei Gänge pro Jahr.

Mir war klar, dass es viele Konkurrenten gab mit einem fürs Schwingen idealeren Körperbau und mit mehr Talent. Dass ich den Unterschied anderweitig machen und meine Stärken so ausspielen musste, dass sie auch zum Erfolg führen konnten.

Lieber wenig beherrschen, aber das wenige sehr gut.

Ich glaube, das ist ein Fehler, den viele Menschen begehen: Sie arbeiten an ihren Schwächen und werden dort vielleicht ein bisschen besser, aber nie wirklich gut. Es gibt viele durchschnittliche Leute, die überall ein bisschen etwas können.

Wer ganz nach oben will, muss etwas besonders gut können. Und darf nie aufhören, daran zu feilen.

Irgendwas macht dich besser oder speziell, dort bist du anderen überlegen. Also investiere dort, damit dich niemand einholt.

Bester Beweis dafür sind die Beispiele, die mir ein NHL-Scout einmal erzählte: Einer der mit Abstand schnellsten Eishockeyspieler verpflichtete im Hinblick auf die neue Saison einen Speedtrainer. Und der Spieler mit dem härtesten Schuss richtete sich zu Hause einen Schiesskeller ein und ballerte täglich 1000 Mal aufs Tor. Wer in etwas schon top ist, sollte seine Stärken weiter ausbauen.

Beim Tüfteln an der Technik war am Anfang meiner Karriere mein Onkel Andreas Anderegg ein guter Lehrmeister. Später brachte mein Cousin Simon viel technischen Input ein. Wir kannten uns so gut, dass er mir zuschauen konnte und kleinste Fehler bemerkte. Ob ich meinen Fuss etwas zu leicht eingedreht hatte, minim zu tief in den Knien war oder irgendwas anderes noch nicht ganz passte: Simon sah es. Beim Schwingen gegeneinander vermochte er oft rein gefühlsmässig zu sagen, woran es noch haperte.

Die ganze Familie Glarner an der Feier des 100. Kranzes in der Kirche in Meiringen.
Foto: Rolf Eicher

So jemanden im Schwingkeller zu haben, ist extrem viel wert. Und vor Schwingfesten konnte er mir mit einer SMS genau sagen, was ich im ersten Gang machen musste. Seine Tipps gaben mir die totale Sicherheit.

Röbi hingegen nahm mir in diesen drei Jahren eine Sicherheit weg. Ich galt lange Zeit als Schwinger, der nur selten verliert. Das könnte man als Vorteil sehen, tatsächlich aber war es ein Hindernis. Denn mit zu vielen gestellten Gängen kommt man nicht ganz nach vorne.

> «Wir mussten seine mentale Einstellung ändern. Er sollte lernen: Eine Niederlage ist nicht das ultimative Scheitern, sondern eine Gelegenheit, sich weiterzuentwickeln.»
> Robert Buchli, Sportpsychologe

Meine Angst vor der Niederlage besiegen, hiess auch: im Kampf mehr riskieren.

Mir war bewusst, dass ich mir selber oft im Weg stand und den Verstand besser ausschalten und mehr Risiko zulassen müsste. Mir fehlt der Killerinstinkt, ich bin im Kampf ein Sägemehl-Schachspieler und nicht der Pirat zuvorderst auf dem Boot mit dem Säbel im Mund.

Beispielsweise hätte ich nie in einem Gang voll in den Schlagabtausch gehen können, von der ersten Sekunde an, obwohl ich dieses Ungestüme an anderen Schwingern bewunderte. Ich persönlich wollte aber immer vermeiden, dass der Körper schon frühzeitig übersäuert und ich dadurch verliere. Dieses präventive Denken blockierte mich.

Im Kampfsport ist der Grat zwischen notwendigem taktischen Denken und hindernden Gedanken extrem schmal – und ich kippte bisher sicher ab und zu auf die falsche Seite.

Also dachte sich Röbi für mich ein Würfelspiel aus für die Regional-feste Anfang Saison. Feste, an denen es noch nicht um allzu viel ging und wo es mir teilweise schwerfiel, die innere Anspannung hochzubringen, weil ich schon zigmal am selben Ort angetreten war.

> «Mätthel musste sechs Züge aufschreiben und einer Zahl zuordnen. Vor dem Gang wurde gewürfelt und dann musste er im Gang versuchen, mit dem entspre-chenden Zug zu gewinnen. Er fand es unangenehm. Aber er wurde dadurch offener für neue Sachen, und klammerte sich nicht nur am Bewährten fest. Er wur-de vielseitiger.»
> Robert Buchli, Sportpsychologe

Es war ein Stressfaktor, im Wettkampf nicht das Altbekannte abru-fen zu können. Ich schnitt schlechter ab als sonst, Zuschauer und Medien dachten wohl, dass etwas mit mir nicht stimmte.

Für mich war das Würfel-Experiment eindrücklich, weil es mich lehrte, unangenehme Situationen auszuhalten und im Kampf flexib-ler zu werden. Das Würfeln überdauerte aber nicht lange, ich hatte Röbis Punkt kapiert. Hatte erkannt, dass ich im Endeffekt besser werde, wenn ich die Angst vor der Niederlage ablegte.

* * *

Mein totaler Fokus auf den Sport und die verschiedenen Anpassun-gen zeigten Wirkung, ich wurde stetig besser und erlebte erfolgrei-che Saisons. Das Jahr 2015 verlief besonders befriedigend, ich ge-wann zwei Kranzfeste und den Schwägalp-Schwinget.

Ich schwang souverän, war physisch in Topform und voller Selbst-vertrauen im Hinblick auf das kommende Jahr.

Also konnte ich weiterhin ungehindert und fokussiert vorwärtsmarschieren und alles ausprobieren, das auch nur die klitzekleinste Optimierungsmöglichkeit darstellte.

Roli und ich hatten zahlreiche Ideen, zum Beispiel: train low, sleep high – in normalen Höhenlagen trainieren, aber auf 2000 Meter über Meer schlafen. Oder ich überlegte mir, ein Bett ins Fitnesscenter zu stellen und täglich drei Einheiten zu machen: am Morgen vor dem Frühstück direkt aufstehen und aufs Velo, dann nach dem Frühstück ein zweites Training und am Abend noch Schwingen.

Ich liess meinen Ideen freien Lauf, wollte ausserhalb der gängigen Muster denken. Vieles setzte ich nicht in die Tat um, aber es war trotzdem wichtig, immer wieder zu erkennen: Es ist noch vieles möglich.

Wir limitieren uns viel zu oft, indem wir Dinge als nicht machbar taxieren.

Ein wichtiges Element in der sportlichen Vorbereitung war das einwöchige Trainingslager in Gran Canaria. Das fand seit einigen Jahren jedes Frühjahr statt. Die Idee stammte ursprünglich vom Berner Schwinger Christian Oesch.

Nach der harten Phase des Wintertrainings taten ein paar Tage an der Wärme gut. Es ging auch darum, dem Alltag zu entkommen, sich mal nur aufs Training zu fokussieren. In Gran Canaria musste ich mich nicht zwischen mehreren Hüten entscheiden, ich hatte nur einen Hut dabei.

Viele Leute dachten wohl, das sei eine Partywoche. Es reichte zwar gelegentlich abends zu einem Bier, aber jeden Morgen um acht wurde wieder voll trainiert.

Die letzten Jahre fanden unter der Leitung von Roli statt und waren vollgepackt mit Trainings, sodass wir kaum noch unsere Zimmer und Betten verliessen. Die Gelegenheiten, an denen ich in den

Hotelpool stieg oder einfach ein bisschen an der Sonne lag, konnte ich an einer Hand abzählen.

Roli genoss es sichtlich, uns zu fordern – und zu foppen. Ich mit meinem empfindlichen Magen musste frühmorgens immer vorsichtig essen, wenn danach ein hartes Training anstand. Roli hingegen stopfte sich genüsslich mit Spiegeleiern, Speck und sonstigen Dingen voll.

Daheim bereitete es auch Röbi Vergnügen, mich immer wieder aus der Komfortzone zu holen, um mich auf Trab zu halten und geistig flexibler zu machen.

> «Einmal sagte ich ihm erst eine Stunde vor unserem Termin, wo wir uns treffen. Damit er nicht wusste, was kommt. Wir machten Challenges, gingen Tischfussball spielen oder kegeln.»
> Robert Buchli, Sportpsychologe

Ich bin ein schlechter und wenig ehrgeiziger Spieler abseits des Schwingens. Badminton, jassen, kegeln und so weiter – es war mir schlicht egal, wenn ich dort verlor.

> «Im Schwingen hat er Ehrgeiz, in anderen Bereichen gar nicht. Das war ein Erfolgsfaktor, dass er nicht überall top ambitioniert sein wollte und sich nicht verzettelte.»
> Robert Buchli, Sportpsychologe

Röbi half mir auch dabei, mich im Schwingen selbst nicht zu verzetteln.

Ich war zuvor immer ein Teamplayer gewesen, fungierte im Berner Kader als Sprachrohr, organisierte und half mit. Nach Burgdorf wurde ich sukzessive egoistischer, fokussierte mehr auf mich selber und auf meinen Cousin Simon.

So hatte ich an den Schwingfesten wieder mehr Energiereserven, um mich in die Zweikämpferrolle hineinzuleben. Das bedeutete für mich immer eine grosse Anstrengung, weil ich neben dem Schwingen überhaupt kein aggressives Gemüt hatte.

Eigentlich hätte ich auch ein Teamsportler sein können, wenn mein Talent dazu gereicht hätte. Mich einzufügen, fiel mir nie schwer. Als Athletiktrainer des Eishockeyteams Unterseen-Interlaken fand ich das Gemeinschaftsgefühl immer schön, zusammen etwas erleben, zusammen gewinnen, zusammen verlieren. So etwas fehlte mir im Schwingen manchmal.

Andrerseits passte es mir sehr gut, dass ich in meinem Sport nur für mich allein verantwortlich war – und nicht abhängig vom Leistungswillen und Fleiss anderer. Ich könnte wohl sehr schlecht damit umgehen, wenn jemand aus meinem Team harte Arbeit gescheut und sein Talent vergeudet hätte.

* * *

Das Jahr 2016 war da. Ich fühlte mich auf Kurs, physisch, psychisch. Motivationstiefs erlebte ich in den vergangenen Monaten keine, trotz ständigem Leben am Limit, trotz Verzicht und Anspannung.

Das Hintergrundbild auf meinem Handy zeigte ein Zitat von Samuel Beckett:

> Ever tried.
> Ever failed.
> No matter.
> Try again.
> Fail again.
> Fail better.

Ich hatte mir diesen Leitspruch ausgewählt, weil er gut zu mir und meiner Geschichte passte. Stan Wawrinka hatte ihn sich auf den Unterarm tätowiert, und auch das passte irgendwie: Ich fühlte mich in meiner Sportart eher wie Wawrinka als wie Roger Federer.

Den Leitspruch vor Augen, das Ziel im Kopf – ich freute mich auf dieses Jahr.

Im April gewann ich am Ob- und Nidwaldner Kantonalen den 100. Kranz. Die Mitgliedschaft im Hunderter-Klub – eine schöne Auszeichnung. Ein Beweis dafür, dass ich viele Jahre gut gearbeitet hatte und auch von grossen Verletzungen verschont wurde.

Es blieb jedoch keine Zeit für Innehalten und Selbstlob. Wenige Tage später erhielt ich den 101. Kranz, es ging einfach weiter.

Ich blickte vorwärts, zu meinen Highlights vor Estavayer: das Berner Kantonale in Unterbach bei Meiringen und den Brünigschwinget.

Mitte Juli half ich in meiner Heimat beim Aufstellen für das Berner Kantonale. Die Vorfreude war riesig, der Druck auch. Aber ich konnte all das im richtigen Moment in Energie umwandeln, gewann meine sechs Gänge, wurde Festsieger. Ein sehr emotionaler Moment.

> «Ich erschrak fast, wie sehr er jubeln konnte. Das war das einzige Mal, dass er so aus sich rauskam nach einem Sieg. Nach diesem Fest sagte ich am Abend zu den Eltern: ‹So gut in Form und so körperlich parat habe ich ihn noch nie gesehen.›»
> Stefan Glarner, Bruder

Auf dem Brünig schwang ich ebenfalls gut, klassierte mich im dritten Rang. Und ich konnte Christian Schuler bezwingen, einen harten Gegner, der mir schon öfter Mühe bereitet hatte. Dieser Sieg gab meinem Selbstvertrauen einen ungeheuren Schub.

In den letzten Wochen vor Estavayer intensivierte ich meine Anstrengungen nochmals: noch fokussierter trainieren, noch klüger ernähren, noch besser regenerieren. Ich mied soziale Kontakte, wo es nur ging, um ja keine Krankheitserreger aufzulesen. Und ich ging in Gedanken alle Eventualitäten durch, die in Estavayer möglich waren.

Was mache ich, wenn es nicht läuft? Wie rapple ich mich wieder auf nach einer Niederlage? Wie wäre es, im Schlussgang anzutreten, vor so vielen Menschen in eine Arena einzulaufen zum entscheidenden Kampf? Wie könnte ich dann möglichst gut im Tunnel bleiben?

Ich wollte alles tun, alles bedenken.

Und fühlte mich so parat wie noch nie.

stg87
Meiringen
•••

Gefällt **katiglarner** und **328 weiteren Personen**

stg87 #goodluck #estavayer #schwingfest #tradition #brother #family #dreambig #🔥 #strong #nike #picoftheday #photographer rolf eicher... mehr

Alle 5 Kommentare ansehen

26. August 2016

Instagram-Post von meinem Bruder Stefan vor dem ESAF 2016: #dreambig

Estavayer

Sicht von aussen

«Wir hatten in seiner Kindheit und Jugend nie das Gefühl, das gebe einen Schwingerkönig. Ich mag ihm das extrem gönnen, weil er sich so angestrengt hatte.»
Heidi Glarner, Mutter

«Ich musste so weinen daheim vor dem Fernseher. Weil ich daran dachte, wie oft er den letzten Schritt nicht hatte machen können. Oft fehlte der letzte Zwick und ich hatte das Gefühl, er wird resultatmässig zu wenig dafür belohnt, was er leistet. Jetzt war ich so glücklich, dass es diesmal aufging.»
Roli Fuchs, Athletiktrainer

«Was, schon wieder Training? Das dachte ich ab und zu in den letzten Jahren. Manchmal fühlte es sich so an, als ob Roli mir Mätthel wegnehme. Aber nach diesem Erfolg sah ich: Es hat sich gelohnt, all sein Training. Und all die vielen Male, wo ich früh aufstand und Reissalat mit Poulet parat machte.»
Claudia Hediger, Freundin

«Der Sonntag war der Horror, meine Mutter und ich assen fast nichts, es ging uns jeden Gang etwas schlechter. Als Angehörige ist das totaler Stress. Als er vor dem Schlussgang in die Arena einlief, war ich beeindruckt von seiner Coolness.»
Katrin Glarner, Schwester

«Schon als ich ihn am Berner Kantonalen sah, sagte ich zu meiner Frau: ‹Estavayer ist gebucht›. Ich ging aber nicht hin, sondern sass daheim vor dem Fernseher, der ganze Trubel ist mir zu viel. Nach dem Sieg musste ich mir schnell eine lange Hose anziehen und nach Estavayer fahren.»
Beni Knecht, Manager

«Wir hatten mit Thun ein Heimspiel gegen Basel, lagen in der Halbzeit 0:3 zurück. Da kam ein Mitspieler und sagte mir, dass Mätthel gewonnen hat. Ich hatte mega Freude. Als ich nach der Halbzeitpause wieder den Rasen betrat, gab der Speaker die Nachricht bekannt. Alle Zuschauer klatschten. Das war eine spezielle Situation, dieser Applaus, weil wir ja zurücklagen.»
Stefan Glarner, Bruder

«Ich sagte ihm eigentlich im Vorfeld zum Fussstich: Mit dem Schwung kannst du nie einen besiegen. Ich kannte Mätthel einfach zu gut, mich kriegt er damit nicht zu Boden. Aber in Estavayer gewann er zwei wichtige Gänge damit und im Schlussgang hätte es zweimal auch fast geklappt.»
Simon Anderegg, Cousin

«Mätthel ist einer, der das Prinzip dieses Sports in der ganzen Tiefe verstanden hat. Das zeigte sich im Schlussgang gegen Armon Orlik. Es geht nicht darum, der Stärkste zu sein. Sondern die Kräfte optimal einzusetzen. Du kannst auch die Kraft des Gegners für dich nutzen.»
Robert Buchli, Sportpsychologe

König

Nach dem Triumph

Ich stehe auf, atme, atme, atme. Beuge mich hinunter zu Armon Orlik, reiche ihm Hand, wische das Sägemehl von seinem Rücken.

Das Jubeln kommt später, auf den Schultern von Niklaus Zenger und Simon Anderegg. Es ist ein äusserliches Jubeln, ich hebe den Arm und lächle. Ich weiss, was passiert ist, aber die Emotionen hinken hinterher.

Die Anstrengung des Kampfes verebbt langsam, viele Eindrücke fluten meine Sinne. Irgendwann zwickt mich Simon in die Wade und sagt, da stehe übrigens noch ein Bundesrat. Ich hätte ihn nicht erkannt in all dem Trubel, er trägt eine schwarze Hose und ein weisses Hemd wie die Schwingfunktionäre. Johann Schneider-Ammann gratuliert mir, ich sage ein paar Worte, keine Ahnung mehr, was.

Danach kommt das Siegerinterview auf dem Platz, ich keuche wie verrückt, bis die Anstrengung des Schlussgangs verebbt, wird es noch eine Weile gehen. Ich äussere meine Begeisterung für Armons Können, lobe die Entwicklung von anderen jungen Schwingern wie Samuel Giger, Joel Wicki und Remo Käser und sage, dass wir Alten uns anstrengen müssen, um in drei Jahren am Eidgenössischen in Zug nochmals mit solch starken Jungen mithalten zu können.

Während mein Körper noch den letzten Kampf veratmet, denkt mein Kopf schon an die Vorbereitung für den nächsten.

«Er ist voll in seinem Modus drin: Ziel erreicht, Blick zum nächsten Ziel. Das zeigt seine Haltung, die ich stark teile: Wir sind ein Leben lang auf dem Weg.»
Robert Buchli, Sportpsychologe

Eidgenössisches Schwingfest in Estavayer 2016: Feiern mit Teamkollegen nach dem Schlussgang. Foto: Keystone

Ab jetzt stehe ich unter Bewachung. Ein Vertreter von Antidoping Schweiz und ein Verantwortlicher des Schwingerverbandes begleiten mich auf Schritt und Tritt, so lange, bis ich Pinkeln kann. Das kann manchmal dauern, vor einem Höhepunkt wie dem Schlussgang geht man natürlich pinkeln und kann danach nicht gleich wieder. Einfach einen Liter Wasser hinunterstürzen ist keine Lösung, der Urin muss einen gewissen PH-Wert aufweisen, um akzeptiert zu werden. Also heisst es: warten. Die beiden Herren begleiten mich in die Garderobe.

Vor dem Eingang zum Athletendorf stehen gefühlte dreieinhalb Milliarden Journalisten mit Kameras, zig Mikrofone sausen in Richtung meines Gesichts. Ich fühle mich etwas erdrückt, drehe mich um – und da steht Claudia.

Sie steht im Athletendorf, trägt eine Pilotenbrille und ich sehe, dass darunter Tränen fliessen. Ich bin immer noch sehr emotionslos, so kurz nach dem Wettkampf, gehe zu ihr hin.

> «Er sagt zu mir ‹Bliib eis locker›. Auf der Zuschauertribüne haben auch gestandene Männer geweint bei seinem Sieg, wie soll ich da locker bleiben? Man merkt, dass seine Emotionen noch hinterherhinken.»
> Claudia Hediger, Freundin

Ich gehe zu ihr hin und nehme sie in den Arm. Da fällt die ganze Spannung ab.

Lange können wir nicht so rumstehen, mein Spiessrutenlauf fängt ja gerade erst an. Ich werde ins Berner Garderobenzelt gedrängt, soll duschen und mich anziehen.

Normalerweise sind das die besten ein bis zwei Stunden nach einem Eidgenössischen, vom letzten Wettkampf bis zur Rangverkündigung. Alle sind in der Garderobe zusammen, ein kaltes Bier mit den Kollegen, jeder ist entspannt.

Mir bleibt diesmal weniger Zeit zum Feiern mit den Bernern, vielleicht eine Viertelstunde. Dann muss ich einstehen für die Rangverkündigung.

Es ist ein fast unbeschreibliches Gefühl, zuvorderst in die Arena einzulaufen. Die Sonne steht zwar schon tief, aber die Hitze des Tages hängt im Stadion fest. Und mein Körper verarbeitet noch immer das Geschehene, der Schweiss rinnt mir unter dem Mutz den Rücken runter. Wir laufen rundherum, ich winke und versuche, möglichst viele Eindrücke in mich aufzusaugen.

Das Jetzt geniessen.

Etwas, das ich als Kopfmensch nicht immer hinkriege, deshalb forciere ich es in diesem Moment geradezu.

Der technische Leiter steht ans Mikrofon und sagt: «Im ersten Rang, Sieger und neuer Schwingerkönig des Eidgenössischen Schwing- und Älplerfests in Estavayer 2016, mit einer Punktzahl von 78.25: Glarner Matthias.» Diese so oft gehörte Sprüchlein zu hören und dann hintendran meinen Namen – einmalig.

Ich knie hin, erhalte meinen vierten Eidgenössischen Kranz, den 109. insgesamt. Winke nochmals, blicke ringsum.

Einsaugen, einsaugen, einsaugen.

Ich gehe zum Siegermuni Mazot de Cremo, schüttle die Hände der Sponsoren, posiere für Fotos. Der Muni wird nicht mit mir heimkommen, wie immer bei Lebendpreisen nehme ich den Geldwert.

Danach steige ich viele Treppenstufen hoch, zuoberst auf einer Tribüne hat das Schweizer Fernsehen sein Livestudio. Es dauert eine Weile, bis ich oben bin, unterwegs fragen mich permanent Leute an für Selfies. Schon jetzt kann ich üben, was ich als König ganz oft werde machen müssen: Nein sagen.

Ich mache das Interview fürs Sportpanorama und frage, wie die Partie zwischen Thun und Basel ausgegangen ist. Es blieb beim 0:3, mein Bruder Stefan hat verloren mit seinem Team, schade. Ich vermute, dass er nach Estavayer kommt, um mit mir zu feiern.

Danach kann ich endlich meinen Dopingtest abliefern. Beni ist auch dabei, er und Roli sind eben auf dem Festareal eingetroffen.

> «Ich muss einige Minuten mit ihm sprechen und alles für die nächsten Tage aufgleisen. Also erledigen wir das in den 20 Minuten Dopingkontrolle. Wir vereinbaren, dass er ab Montag um elf Uhr zu meiner Verfügung steht und ich frei planen kann, ohne ständig bei ihm seine Bestätigung einzuholen.»
> Beni Knecht, Manager

Ich eile weiter Richtung Pressekonferenz und treffe unterwegs meine Mutter, meine Schwester Katrin und meinen Onkel. Wir können nur kurz reden, dann muss ich zur Pressekonferenz.

Dort gebe ich tonnenweise Interviews, mein Mund spricht, mein Hirn leistet seine Arbeit, aber es fühlt sich alles surreal an.

Zack, schon ist es abends um 10.

Jetzt habe ich endlich Zeit, meine Familie und Claudia zu sehen und erlebe eine schöne Überraschung: Mein Vater ist auch da, Verwandte haben ihn nach Estavayer gefahren. Wie erhofft, ist auch Stefan angereist.

> «Ich war noch nie an einem Eidgenössischen und staune, was das für eine Riesensache ist, wie gross das Stadion und das Drumherum sind. Ich muss mir richtig einen Weg bahnen durch die Menschenmassen.»
> Stefan Glarner, Bruder

Die ganze Familie sitzt am Tisch und isst etwas, ein sehr schöner Moment. Aber in Ruhe essen können wir nicht, es ist zu viel los um mich herum, alle wollen mir gratulieren.

Im Vorfeld dachte ich, nach einem Königstitel würde ich feiern wie der SCB an einer Meisterfeier, mit Skibrille, Champagner und viel Bier. Tatsächlich trinke ich zirka eineinhalb Bier und die Hälfte davon verdampft.

Es ist wie immer an den Eidgenössischen: Du isst spätnachts mit deinem Umfeld, plauderst mit einigen Leuten, trinkst ein, zwei Bier, und schon ist es vier Uhr morgens.

> «Es ist viel los rund um Mätthel. Ich schaue etwas zu, gucke dann irgendwann auf die Uhr und finde: Jetzt ist gut. Ich hole das Auto, gehe wieder zu ihm hin, schaue ihn an. Er nickt.»
> Simon Anderegg, Cousin

Wir fahren zurück nach Müntschemier und fallen ins Bett.

* * *

Eineinhalb Stunden Schlaf.

Schon bin ich wieder wach, ohne Wecker, und sofort wieder voll parat. Auch wenn der Schlussgang schon einige Stunden her ist: Innerlich bin ich noch im Wettkampfmodus und körperlich topfit, könnte locker weitere Gänge bestreiten. Das typische Gefühl am Tag nach erfolgreichen Festen – so viel angenehmer als die Totalerschöpfung bei Niederlagen.

Um sieben Uhr habe ich einen ersten Termin, ein Live-Interview via Telefon mit Radio SRF3. Der erste von vielen Medienterminen.

Aber erst mal gibt es ein Frühstück im Seeland, danach geht es heimwärts.

«Unterwegs müssen wir noch neue Schuhe kaufen. Mätthels Exemplare sind total dreckig und voller Kuhmist – nicht grad optimal für Medientermine.»
Claudia Hediger, Freundin

Wir fahren zurück nach Heimberg, kaufen neue Schuhe, holen Blumen, und ich schaue währenddessen den Schlussgang am Handy. Einerseits will ich mir diese Zeit nehmen, um das Erlebte Revue passieren zu lassen. Andererseits ist es eine Vorbereitung auf all die Interviews, die noch kommen; ich werde sicher viel über diesen Moment sprechen müssen.

Um 10 Uhr steht schon die Schweizer Illustrierte bei uns zu Hause, für eine Homestory. Claudia sagt mir deutlich, dass sie kein Fan ist von solchen Formaten, es ist also der erste und letzte Bericht aus unserem Daheim.

Am Vormittag fahre ich zu Beni ins Büro. Er besitzt viel Erfahrung mit dem Rummel rund um einen Schwingerkönig, weil er auch Kilian Wenger vertritt. Ich setze mich erst mal hin, esse ein Sandwich, ehe es zum nächsten Termin geht, ein TV-Interview auf einem nahegelegenen Bauernhof.

Ich erhalte von Beni eine Liste mit allen Terminen, muss nur noch von A nach B nach C fahren. Teilweise kommt Beni mit, teils Claudia, alles ist gut durchgeplant, ohne Anhäufung, einfach von Montag bis Donnerstag ein Termin nach dem anderen.

Am Montagabend ist der Einzug in Meiringen. Es regnet in Strömen, und trotzdem säumen so viele Menschen die Strasse. Ich habe permanent Hühnerhaut, es ist der Wahnsinn. Die Feier steigt in der Tennishalle, die habe ich noch nie so voll erlebt.

Es ist ein wunderbarer Abend, ich rede mit vielen Leuten, einige wollen Selfies oder Autogramme, manche bringen Geschenke. Ein originelles Geschenk ist eine Schalungstafel aus dem Garderobenzelt in Estavayer; mein Garderobennachbar Damian Gehrig schenkt

Am Königsempfang in Meiringen mit Partnerin Claudia und den beiden
Ehrendamen Katrin (meine Schwester, links) und Karin (meine Cousine, rechts).
Foto: Rolf Eicher

mir die Tafel, auf der wir zwei Tage gesessen haben. Die Zeit verfliegt und ehe ich mich versehe, ist es schon wieder fünf Uhr morgens.

Jetzt ist die Anspannung des Wettkampfwochenendes endlich aus dem Körper rausgeflossen, hinterlässt dafür eine bleierne Müdigkeit. Kein Wunder, in den letzten Tagen habe ich extrem wenig geschlafen. In der Nacht vor dem Eidgenössischen vielleicht vier Stunden, nach dem ersten Wettkampftag wieder vier Stunden und nach dem Königstitel eineinhalb Stunden. Der Körper holt sich zurück, was er braucht – und Beni hat die Planung der Medientermine wohlweislich so getimt, dass ich am Dienstag auftanken kann. Ich schlafe zehn Stunden durch.

Am Mittwoch werde ich in meinem Wohnort Heimberg empfangen, wieder mit einigen Medienterminen. Ich rede viel über meinen Erfolg in den ersten Tagen nach dem Eidgenössischen – aber wirklich realisieren tue ich es noch immer nicht.

So richtig durchatmen und mich zurücklehnen kann ich am Samstag, beim Empfang meines Schwingerkollegen Niklaus Zenger in Habkern. Jetzt stehe nicht ich im Mittelpunkt, darf einfach mitfeiern und konsumieren.

Zwei Wochen nach dem Eidgenössischen verreisen Claudia und ich für eine Woche nach Griechenland. Das war schon vorher geplant und wir ziehen es trotz Rummel durch. Keine Aktivferien, kein Rumreisen, sondern totale Entspannung: Hotel, Strand, Vollpension – perfekt. Schon auf dem Flug nach Kreta kann ich abschalten, weil die anderen Passagiere mich nicht ansprechen. Ich bemerke ihre Blicke, bin aber dankbar für ihre schweizerische Zurückhaltung. Auch im Hotel wird teilweise geflüstert, wenn Leute an mir vorbeigehen, aber alles sehr gemässigt.

Medienanfragen gehen sowieso an Beni, ich kann also wirklich relaxen, liege im Schatten, lese einige Bücher, gönne mir mittags ein Clubsandwich und um vier ein Bier, dolce far niente. Andere lachen vielleicht darüber, wie sehr ich sowas zelebriere, aber ich verzichtete sehr lange auf solche Genussmomente.

Die Woche verfliegt viel zu schnell, schon bin ich zurück im Alltag und checke immer noch nicht richtig, was eigentlich passiert ist.

Ich beginne wieder zu arbeiten bei den Bergbahnen Meiringen-Hasliberg, in einem 80-Prozent-Pensum. Mein Chef Hanspeter Wenger und ich machen ab, dass wir es bis Ende Jahr flexibel gestalten, ich kann kommen und gehen, wie es grad zeitlich passt, gebe Überzeit und Ferientage dran, damit es irgendwie aufgeht. Trotz den vielen Freiheiten merke ich rasch, dass dieses Pensum zu hoch ist und ich irgendwann reduzieren muss.

Erst zirka vier Wochen nach Estavayer überkommt mich die Gewissheit. Ich fahre abends allein Auto und habe plötzlich das Gefühl, dass ich jetzt innerlich in der Realität angekommen bin.

«Dass bei einem derart grossen Ereignis die Emotionen hinterherhinken, ist klassisch.»
Robert Buchli, Sportpsychologe

Es braucht diesen einsamen Moment, um zu reflektieren und zu verstehen:

Jetzt bin ich Schwingerkönig. Für immer.

* * *

Ich mag König sein, aber in drei Jahren kämpfen wir Schwinger wieder an einem Eidgenössischen. Ich weiss genau, dass die Leistung von Estavayer nun nichts mehr zählt. Am Eidgenössischen in Zug wird mein jetziges Können nicht mehr reichen. Schon der Gewinn des Königstitels mit knapp 31 Jahren war schwierig, in Zug werde ich 34 sein, ein recht hohes Schwingeralter.

Den Triumph in Estavayer sehe ich als Arbeitssieg oder Perfektionistensieg; ich warf drei Jahre lang alles in die Waagschale und richtete mein Leben nur danach aus. Und es gehört immer auch Glück dazu, dass alles zusammenpasst. Deshalb sage ich auch, dass mein Erfolg eine sehr enge Momentaufnahme ist. Ein Wochenende vorher oder nachher wäre vielleicht ein anderer der Beste gewesen.

Dieses Bewusstsein dafür, dass man sich nie ausruhen kann und sich auch im Erfolgsfall nicht in den Himmel loben muss, habe ich unter anderem von meinem Onkel Andreas mitbekommen. Wenn ich mit ihm übers Schwingen spreche, gibt das immer spannende Diskussionen, ich geniesse unser Fachsimpeln sehr. Er schaute sich beispielsweise den Estavayer-Schlussgang auf Youtube zigmal an und bemerkt immer wieder kleine technische Details, die ich hätte besser machen können.

Immer Optimierungsmöglichkeiten suchen, genau meine Denkweise. Deshalb ist es zwar eine riesengrosse Herausforderung, in Zug die Titelverteidigung anzustreben – aber es ist ebenso klar, dass mich diese Herausforderung gerade deshalb besonders reizt.

> «Sein Commitment für 2019 kommt sehr schnell. Wir machen wenige Wochen nach dem Titel ein Debriefing. Und Mätthel sagt zu mir: ‹Das war jetzt nicht schlecht. Hast du Lust, nochmals ein Projekt zu machen für 3 Jahre? Aber das wird nicht einfach.›»
> Robert Buchli, Sportpsychologe

Natürlich könnte ich auch sagen: Eine Titelverteidigung ist unrealistisch, ich strebe das gar nicht an. Aber das glaubt dir niemand. Und ich will es probieren, um immerhin sagen zu können, dass ich es versucht und alles Mögliche dafür gemacht habe.

Mit diesem Ziel im Kopf kann ich mir keine Pause gönnen, obwohl das nach der intensiven Vorbereitung in den letzten drei Jahren sicher sinnvoll wäre. Ich glaube: Wenn ich gegenüber meinen Konkurrenten nicht in Rückstand geraten will, muss ich rasch zurück in den Schwingkeller und in den Kraftraum. Trainieren mit viel Quantität und viel Qualität. Und ich muss noch cleverer Erholung einplanen, weil meine Agenda so voll ist.

Ich denke an die Zeichnung mit den Hüten, die Röbi mir vor vielen Jahren machte. Nach Estavayer habe ich einen riesengrossen Hut. Ich bin jetzt in erster Linie mal König, was viele Pflichten und Notwendigkeiten mit sich bringt. Daneben wird es nur Platz haben für zwei bis drei kleine Hüte. Wenn ich in Zug eine reelle Chance haben will, bedeutet das: nochmals drei Jahre mit hoher Intensität, mit viel Verzicht.

Ich bin bereit dazu, und weiss: Mein Umfeld unterstützt mich.

Eineinhalb Monate nach dem Sieg trainiere ich schon wieder auf hohem Niveau. Es bleibt keine Zeit zum Verarbeiten, Emotionen und Erinnerungen werden beiseitegeschoben, ich studiere an Schwingtechnicken herum, denke an den Brünigschwinget und an Unspunnen nächstes Jahr.

Zack, zurück im Hamsterrad.

Ich bin gut darin, mich immer wieder dort hinein zu bugsieren, bin darin vielleicht mehr gefangen als andere – selbstverschuldet.

Mir etwas zu gönnen und einfach mal zu geniessen, das gestehe ich mir selten zu. Und schon gar nicht in dieser Zeit. Weil mein innerer Antrieb nach dem Erfolg so gross ist und weil natürlich auch die Erwartungshaltungen von aussen raketenmässig in den Himmel schiessen, wenn einer König wird.

* * *

Das grosse Interesse an mir überrascht mich total. Ich bin nicht mehr 20, sehe nicht aus wie ein Mister-Schweiz-Kandidat, habe seit langer Zeit eine Freundin. Deshalb glaube ich anfangs, meine Bekanntheit sei gar nicht so gross.

Und dann bin ich dann das erste Mal unterwegs und werde dauernd angesprochen. Bisher war ich nur regional bekannt, nun national. Ein seltsames Gefühl, weil ich immer noch derselbe bin wie eh und je.

> «Ich nehme ihn nie anders wahr, er bleibt auch nach dem Titel auf dem Boden.»
> Heidi Glarner, Mutter

An den Sports Awards bin ich nominiert für den Sportler des Jahres, gemeinsam mit Roger Federer, Stan Wawrinka, Nino Schurter, Fabian Cancellara und Andy Schmid. Das ist so surreal. Aber dadurch beginne ich zu verstehen, wie hoch der der Stellenwert des Schwingerkönigs ist, was für eine Strahlkraft ich habe und wie viele Leute nun auf mich schauen.

Man könnte durchaus eine Art Rockstar sein als Schwingerkönig, sich exzentrisch präsentieren, die Plattform und Aufmerksamkeit wäre da. Aber ich interpretiere meine Rolle in diesem Zirkus anders: Ich bin der bodenständige Meiringer, totales Mittelmass. So muss ich auch nie schauspielern, das wäre auf Dauer unmöglich durchzuziehen.

> «Das ist seine grosse Qualität. Er ist als Mensch sehr geerdet, so sind wir erzogen worden. Egal, was du erreichst: Du weisst, woher du kommst und welche Arbeit es dafür gebraucht hat. Du bist kein Superheld.»
> Stefan Glarner, Bruder

Auch Sponsorenanfragen kommen zahlreich rein, aber Beni und ich überstürzen nichts, wählen sorgfältig. Natürlich steigt das Niveau der Sponsorengelder mit dem Königstitel massiv an. Aber mir ist es wichtig, dass wir für die bisherigen Sponsoren, die keine höheren Summen vermögen, eine gute Lösung finden. Wer mich in all den Jahren vor Estavayer unterstützte, soll jetzt auch davon profitieren und etwas zurückbekommen.

Dass ich nun viel mehr verdiene mit dem Schwingen als je zuvor, ist schön. Jetzt kann ich zum Beispiel Roli endlich angemessen für seine Arbeit entlöhnen.

> «Mein Prinzip: Könige zahlen bei mir die anderen mit. So kann ich junge Sportler unterstützen, die keine grossen Einkünfte haben.»
> Roli Fuchs, Athletiktrainer

An meiner Lebensweise ändert mein Königstitel wenig. Ich gehe etwas öfter auswärts essen als früher. Bei Anschaffungen aber überlege ich mir immer noch ganz genau, ob ich das wirklich brauche. Und dabei geht es nicht um Luxusgüter, gar nicht.

Einmal bin ich in Zürich an einem Anlass, spaziere danach zum Hauptbahnhof und sehe in einem Schaufenster ein Portemonnaie für 75 Franken. Ich gehe vorbei und denke mir, das sei recht teuer, halte nach einigen Schritten inne und kehre um, weil ich erkenne: So etwas, das mehrere Jahre hält, darf ich mir jetzt wirklich leisten.

Diese Denkweise, nicht einfach mit Geld um sich zu schmeissen, habe ich von daheim mitbekommen und bin sehr froh darüber.

Viel Zeit zum Geldausgeben bleibt mir ohnehin nicht, wegen des konstanten Stroms an Anfragen, wegen königlicher Verpflichtungen, Beruf und Training.

Beni ist in diesen Monaten eine massive Unterstützung. Er kanalisiert Bedürfnisse von Sponsoren oder Medien und legt mir dann alles vor, ohne mir Vorschriften zu machen. Ich kenne ihn aber so gut, dass ich oft schon an seinem Gesichtsausdruck sehe, was er davon hält.

Ich lehne sicher 80 Prozent aller Anfragen ab. Da helfen mir mein Alter und meine Erfahrung. Es fällt mir einfach, Nein zu sagen zu Dingen, die nicht zu mir passen. Ich könnte reihenweise Homestorys machen oder an irgendwelche Promi-Anlässe gehen, aber da bin ich selektiv.

Manchmal besuche ich Events oder gehe in Fernsehsendungen, wenn mich das Thema interessiert oder ich denke, dass es wichtig ist. Oft wundere mich immer über das Gebaren an solchen Veranstaltungen: Da wird gerne Nähe und Innigkeit suggeriert, Leute umarmen dich und loben dich über den grünen Klee; und zwei Wochen später erkennen sie dich auf der Strasse nicht mehr. Voll okay, wenn jemand sich in dieser Glamourwelt wohlfühlt, aber das entspricht mir nicht. Also verzichte ich meistens.

Nein sagen ist einfacher, wenn man schon gefestigt ist und genau weiss, wofür man steht und wofür nicht. Ein junger König würde sich das vielleicht nicht trauen. Mir ist es egal, wenn mich einige Leute nicht mögen, weil ich etwas ablehne.

«Es war hilfreich, dass Mätthel und ich schon in der dreijährigen Vorbereitungszeit auf Estavayer intensiv daran arbeiteten, Prioritäten zu setzen und Nein zu sagen, auch in Mikro-Entscheiden. Mit dem Schwingerkönigstitel erreichten die Ansprüche von aussen an ihn eine völlig neue Ebene.»
Robert Buchli, Sportpsychologe.

Natürlich gibt es wahnsinnig viel Tolles. Schillernde Eindrücke prasseln auf mich ein und Jugendträume gehen in Erfüllung: Ich werde ins Sportpanorama eingeladen, darf am Superzehnkampf teilnehmen, bin für die Sports Awards nominiert, alles tolle Anerkennungen für einen Sportler.

Dazu lerne ich so viele interessante Menschen kennen, erlebe Neues – und habe nullkommanull Zeit, diese Erlebnisse zu verarbeiten. Beziehungsweise: Ich nehme mir die Zeit nicht.

Ich arbeite, trainiere, strample im Hamsterrad wie eh und je. Trotz der vielen Absagen mute ich mir immer noch zu viel zu.

Das ist das Schwierige an unserem Amateursport: Es ist ohnehin schon so, dass ein Athlet 120 Prozent ausgelastet ist mit Beruf und Sport, das wird fast erwartet. Aber die Auswirkungen des Königstitels sind vergleichbar mit einem Olympiasieg oder Weltmeistertitel.

Heutzutage als Schwingerkönig mehr als 40 Prozent zu arbeiten, geht fast nicht, aber das wird nicht gern gehört. Viele Leute unterschätzen den Zeitaufwand massiv.

Beim Superzehnkampf beispielsweise sehen die Menschen die zweieinhalbstündige Sendung. Aber was sie natürlich nicht wissen: Anreise der Athletinnen und Athleten ins Hallenstadion am Morgen, eineinhalb Stunden Spiele üben, kurzes Mittagessen, Proben am Nachmittag, kurzes Abendessen, Medientermine und dann erst die Show. Du bist von frühmorgens bis spätnachts unterwegs, um zweieinhalb Stunden im Rampenlicht zu sein.

Einer, der all das sehr gut kennt und versteht, ist Jörg Abderhalden. Mit ihm treffe ich mich gelegentlich oder wir telefonieren, als dreifacher König und Gewinner des Schwinger-Grand-Slams mit Eidgenössischem, Unspunnen und Kilchberg hat er viele Tipps im Umgang mit dem Rummel. Der Austausch ist auch sonst wertvoll für mich, wir sehen den Sport mit gleichen Augen, haben eine ähnliche Philosophie bezüglich Training und Professionalität.

* * *

Weil ich gar nicht so viele Eindrücke aufnehmen kann, wie an mich herangetragen werden, schalte ich oft auf Göschenen–Airolo, höre den Leuten gar nicht mehr richtig zu. Eigentlich eine gute Taktik, um sich etwas abzugrenzen, aber irgendwann stelle ich fest, dass ich auch beim Zusammensein mit meinem engsten Umfeld nicht wirklich präsent bin.

Nach der Arbeit bei den Bergbahnen gehe ich regelmässig in mein Elternhaus zum Abendessen, sitze mit meiner Familie am Tisch, wir reden, ich fahre ins Training, und wenn ich auf dem Heimweg spätabends überlege, was meine Mutter genau erzählte, fällt es mir nicht mehr ein. Das erschreckt mich.

> «Ich merke natürlich, dass er oft nicht so richtig da ist, aber wir können das einordnen. Ich weiss, er kommt heim, um durchzuatmen. Und trotzdem erschrecke ich einmal, als er zu mir sagt: ‹Möti, frag mich nicht, was ich die letzten Tage gemacht habe. Das weiss ich nicht mehr›. Da würde ich gerne etwas machen, aber ich kann nichts an der Situation ändern.»
> Heidi Glarner, Mutter

Erst mit der Zeit lerne ich, den Schalter umzulegen, und in den wichtigen Momenten präsent zu sein.

Für meine Liebsten sind diese Monate nicht einfach. Wir verbringen wenig Zeit miteinander und ich bin oft erschöpft. Einmal mehr bin ich dankbar für Claudias Selbständigkeit. Sie verfolgt ihre eigenen Projekte, ist nicht auf mich angewiesen, wir sind total auf Augenhöhe.

An den Sports Awards 2016 mit meiner Partnerin Claudia.
Nominiert als Sportler des Jahres. Foto: SRF

Claudia lässt sich auch nicht blenden vom Rummel. Bei ihrer Arbeit
als Direktionsassistentin und Projektleiterin Hospitality im Gene-
ralsekretariat des Schweizerischen Fussballverbandes kennt sie
den Trubel rund ums Männer-Nationalteam. Das ist noch eine deut-
liche Stufe höher als im Schwingen, dort kommen bei jedem Match
100 Journalisten und bis zu 1200 VIP-Gäste ins Stadion.

Es wäre wohl schwierig, wenn ich neben der externen Belastung
daheim jemanden hätte, der meine Situation nicht versteht und ein
weiterer Stressfaktor ist. So aber ist mein zu Hause eine Insel, wo
ich wirklich durchatmen kann. Claudias Leistung in diesen Monaten ist genau gleich gross wie meine.

Auch mein sonstiges Umfeld reagiert cool auf die neue Situation.
Ich habe oft schon wenig Zeit und bestimme dann auch noch, wo wir
sie verbringen – am liebsten daheim. Denn ich gehe nicht mehr so
gerne unter Leute wie früher.

Dinge, die mir bisher Energie gaben, sind nun plötzlich kräfte-
raubend. Mit Freunden am Nachmittag in der Stadt etwas trinken
gehen war früher entspannend, nun aber fühle ich mich oft beob-
achtet, werde angesprochen oder um Selfies gebeten. Die meisten
Leute sind total freundlich und wissen nicht, dass sie die 50. Person
sind an diesem Tag, die mir gratuliert oder die dieselbe Frage stellt
wie schon 49 Menschen zuvor. Manche kommen aber während des
Essens an den Tisch, unterbrechen ein Gespräch oder machen heim-
lich Fotos vom Nachbartisch aus. Nach einigen solchen Erfahrungen bleibe ich irgendwann viel eher zu Hause und lade meine Freunde ein.

Ich stehe nicht besonders gern im Mittelpunkt. Normalerweise bin ich an einem Anlass der Typ hinten links an der Bar, ein Bier in der Hand und ein wenig zum Rhythmus am Nicken. Mit Lob von aussen kann ich ebenfalls schwer umgehen, es ist mir fast unangenehm. Und plötzlich wirst du von Fremden fotografiert, hochstilisiert und bist überall, wo du hingehst, wie die schönste Kuh der Viehschau, alle bestaunen und tätscheln dich.

Fast ein wenig krampfhaft lehne ich mich dagegen auf, nur auf den Titel reduziert zu werden, um ja nicht abzuheben.

Mir hilft, dass ich mich nie über den Sport definiert habe. Klar, habe ich nun diesen Stempel des Schwingerkönigs, keiner kommt zu mir und sagt: «Hey, Sportwissenschaftler!» Aber ich versuche trotzdem, der Aufmerksamkeit so oft wie möglich aus dem Weg zu gehen.

Ich zeige gerne, was ich kann, bestreite Wettkämpfe oder gebe meine Erfahrungen bei Vorträgen weiter, sowas liegt mir. Einfach nur wegen meiner Anwesenheit im Mittelpunkt stehen, ist nicht meins.

> «Man wird schon sehr oberflächlich, aber das ist er nicht. Darum zieht er sich mehr zurück.»
> Claudia Hediger, Freundin

Ich bin froh, ist mein Umfeld derart gefestigt, bin ich gut aufgestellt. Nicht auszudenken, wie belastend der Rummel für einen Zwanzigjährigen ist, der sich bei jeder Anfrage erst überlegen muss, ob das zu ihm passt, der die Bodenhaftung verliert bei dem permanenten Gelobe um ihn herum, der noch nicht so gut unterscheiden kann, wer es gut mit ihm meint und wer nicht.

In dieser Hinsicht muss der Eidgenössische Schwingerverband in Zukunft etwas unternehmen: Ein Schwingerkönig wird genau am Tag des Wettkampfs begleitet und unterstützt, nachher stürzt er ins Haifischbecken.

Anspruchsvoll ist nicht nur das Zeitmanagement, sondern auch der Umgang mit den Medien. Meine Vorerfahrungen helfen mir da sehr.

In den ersten Jahren meiner Aktivkarriere fielen mir Interviews nicht leicht, ich analysierte das Gesagte im Anschluss stundenlang, verbrauchte viel geistige Kapazität dafür. Und ungünstige Medienberichte konnten mir massiv Energie rauben. Ich musste aktiv lernen, Negatives auszublenden.

Mit der Zeit wird Medienarbeit zur Routine. Viele Fragen wiederholen sich, da kann man irgendwann einfach die Antworten herunterrattern. Ausserdem verstehe ich die Mechanismen und Gepflogenheiten der Medienlandschaft und weiss, bei welchen Publikationen ich mich vorsichtiger äussern, Texte gegenlesen oder Fotos überprüfen muss. Das mache ich im Lauf der Zeit immer weniger. Ich vertraue darauf, dass es schon passt, ertrage auch, wenn es mal nicht so optimal rauskommt. Ich merke, dass ich nicht mehr so pingelig sein kann, weil das Gegenchecken zu viel Aufwand bedeutet, die Zeit dafür einfach zu rar ist.

Deshalb werde ich zickig, wenn jemand einen Slot bei mir hat und dann mehrheitlich Fragen stellt, die mit einem Blick auf meine Homepage klären könnte. Sowas macht mich sauer, weil dieser Termin für mich eine Investition ist, ein Moment, in dem ich nicht trainieren oder regenerieren kann. Irgendwann lerne ich auch da, die Ruhe zu bewahren, einfach Antworten runterzuspulen und mich nicht zu ärgern, denn das wäre unnötiger Energieverschleiss.

Ich äussere mich gern zu verschiedenen Themen, manchmal wähle ich meine Worte sehr sorgfältig, um Missverständnissen vorzubeugen oder keine grossen Schlagzeilen zu provozieren.

> «Mätthel kann sich gut auf jedem Parkett bewegen, er ist clever und eloquent und ein normaler, netter Bursche.»
> Roli Fuchs, Athletiktrainer

Immer wieder denke ich nach einem kniffligen Termin: Für einen medial unerfahrenen König muss das so schwierig sein, da tappst du garantiert in die ersten zehn Fettnäpfchen.

* * *

Ich produziere keine Skandale, aber mache doch einige Fehler in den ersten Monaten als König.

Ich laufe permanent am Anschlag: Das Interesse von aussen frisst mir mehr Zeit und Energie als erwartet, mein berufliches Pensum ist zu hoch angesetzt und mit meiner Zielsetzung im Hinblick auf die Titelverteidigung setze ich mich massiv unter Druck. Und dass ich alles Geschehene überhaupt nicht verarbeiten kann und sich die Erinnerungen und Eindrücke in mir stapeln, realisiere ich zu der Zeit noch nicht mal.

Kurz vor Weihnachten bin ich total leer. Ich spüre: Wenn es noch länger so weitergeht, kommt das nicht gut, dann muss ich die Notbremse ziehen.

Ich sehne das Weihnachtsfest herbei und die Altjahreswoche. Dann gibt es in Meiringen und Übersitz immer das Trychle, eine urgemütliche Woche, du gehst jeden Abend mit Trommeln und Trycheln in deinem Zug von Beiz zu Beiz durchs ganze Dorf in einem ganz gemächlichen Tempo. In dieser Woche kommen alle Meiringer zurück, es ist eine Jahresend-Tradition. Die ganze Familie ist zu Hause, ich übernachte in meinem Kinderzimmer inmitten alter Autogrammkarten, Kränzen und ein paar Jungschwingerpreisen. An den Wänden hängen Poster, eines vom Engstlenschwinget 2006, eines mit dem Rallyefahrer Colin McRae und seinem Subaru Impreza, ein Plakat der Biermarke Desperados – was man halt so aufhängt als Jugendlicher.

Daheim sein, runterfahren. In diese Altjahreswoche geht man mit Vollgas rein und kommt am Ende garantiert entspannt raus. Es wird gut gegessen, viel geschlafen, man sieht die Jugendfreunde und kann so sein, wie man ist. Niemand schaut dich komisch an, ich bin einfach ein Meiringer unter vielen. Und sonst: absolut keine Termine. Kein Wunder, sehne ich mich danach.

Ich fühle mich, wie wenn ich ewig an einer steilen Felsklippe hänge, mit einer Hand an einem rettenden Baum. Und dann hieve ich mich mit letzter Kraft hoch, liege erschöpft unter dem Weihnachtsbaum.

Ich rette mich in die Festtage, kann durchatmen.

Input vom Sportpsychologen Robert Buchli

Wie passe ich mich an eine veränderte Ausgangslage an?

Es kommt häufig vor, dass sich nach dem Erreichen eines Ziels eine gewisse Leere oder geistige Blockade einstellt. Mätthel musste sich auf die erste Saison als König vorbereiten und hatte plötzlich aus seiner Sicht ganz viel zu verlieren und nur in Ausnahmesituationen überhaupt noch etwas zu gewinnen.

Wir erarbeiteten hierzu eine Darstellung. Sie sah aus wie ein Balken und symbolisierte die Ausganglage an einem Anlass. Früher war dieser Balken zur Hälfte rot (etwas zu verlieren) und zur Hälfte grün (etwas zu gewinnen) – als Schwingerkönig waren nun plötzlich 95 Prozent des Balkens rot und 5 Prozent grün. Die Erkenntnis aus der Darstellung war simpel: Wenn wir uns das Leben als Balken vorstellen, wird dieser Balken uns in allem, was wir machen, stören.

Mätthel musste den Fokus weiter darauf legen, sich und sein Schwingen zu verbessern. Er sollte sich nicht darauf konzentrieren, Wertschätzung von aussen zu erhalten und den Schwingerkönigstitel zu verteidigen. Er erzählte von einer seiner Leidenschaften, dem Skifahren, und ein neues Zielbild für das Eidgenössische in Zug 2019 war geboren. Er erzählte von der Lauberhorn-Abfahrt und seinem Bezug zu diesem Rennen und wir fragten uns, ob man diese Abfahrt in acht Abschnitte unterteilen kann. Damit hatten wir die Metapher für seine acht Gänge am kommenden Eidgenössischen. Was musste er nun gut machen, um im entscheidenden Moment schnell zu sein, bzw. in Zug gut in Form? 1. Rennübersicht (Pendant im Schwingen: Taktik), 2. Technik (Wucht), 3. Linie (Konsequenz), 4. Position (Vielseitigkeit). Damit hatten wir vier konkrete Themen, an denen wir in den nächsten drei Jahren arbeiten konnten.

Greifbares für deinen Alltag:
- Werde dir bewusst, dass es im Sport (und auch im Leben) stets um den Weg geht und niemals um die Ankunft. (Aufgabenorientierung vs. Resultatorientierung)
- Schreibe deine Ziele auf und formuliere, wie du sie erreichst willst und was du dafür machen musst.
- Formuliere klare «Wenn-dann»-Pläne, wie du auftretende Hürden auf deinem Weg zum Ziel überwinden willst. (Wenn das Ziel zum Beispiel lautet, zweimal pro Woche Joggen zu gehen: Wenn es am Dienstag regnet, dann gehe ich am Mittwochabend laufen.)

Dauerfavorit

Kämpfen unter neuen Voraussetzungen

Ich liege auf dem Rücken, über mir Patrick Räbmatter. Mein erster Gang als Schwingerkönig endet mit einer Niederlage.

Stresst mich das? Überhaupt nicht.

Der Hallen-Schwinget in Thun ist mein erstes Fest nach Estavayer. Es ist März, ich habe den Winter hindurch intensiv trainiert, aber nicht mit dem Ziel, sofort in Topform zu sein. Ich bin im vierten Rang klassiert, recht zufrieden, und amüsiere mich beim Gedanken, wie ich nun wohl von den Medien runtergeschrieben werde.

Ich habe einen Plan. Nicht nur für diese Saison, sondern für die kommenden drei Jahre. Ich war schon früher nie ein Seriensieger wie Jörg Abderhalden oder andere Könige und werde es auch nie sein.

Wie Roli mir schon früh sagte: Mit meinen Voraussetzungen bezüglich Körper und Talent müssen all meine Gläser gefüllt sein, damit ich weit oben bin. Und das geht nicht während einer gesamten Saison, ich muss punktuell planen. So intensiv, wie ich mich auf ausgewählte Feste vorbereite, ist das nicht jedes Wochenende möglich, sonst würde ich ausbrennen.

> «Mir machte das immer schon Eindruck, wie seriös er ist. Am Samstag konnte man mit ihm nichts machen, er wollte sich immer gut vorbereiten.»
> Katrin Glarner, Schwester

Vor Beginn der ersten Saison als König besprachen Röbi und ich, wie ich mit den externen Erwartungen umgehen kann.

Am Anfang der Karriere erlebst du ständig neue Highlights: den Kranz gewinnen, Dritter werden, Zweiter werden, im Schlussgang dabei sein, ein Fest gewinnen, ein Kranzfest gewinnen, es geht schrittweise aufwärts. Jetzt bin ich zuoberst. Als König geht man an jedes Fest als Favorit.

Erfolg verscheucht die Unbeschwertheit.

Vorher konnte ich mir gewisse Ziele setzen, mich im Verlauf der Saison steigern. Das kann ich immer noch, für mich. Gegen aussen kann ich keine Erwartungen mehr übertreffen, nur noch erfüllen.

Das stört mich nicht, es gehört einfach dazu. Wenn alle dich auf dem Rücken sehen wollen, kann das blockieren, bei mir wirkt es eher motivierend.

Ich höre mir regelmässig ein Lied an, das genau davon handelt: Alle wollen dich ganz unten sehen, aber es kommt darauf an, was du daraus machst, ob dich das lähmt oder ansport. Woher du die Kraft nimmst, um weiter voranzuschreiten und dich nicht aufhalten zu lassen.

Welches Lied es ist, bleibt mein Geheimnis. Bezüglich meiner Playlist bin ich extrem zurückhaltend, nur wenige Leute wissen, welche Lieder ich mir vor Wettkämpfen anhöre. Ich gebe den Songs meine persönliche Deutung, die nicht immer mit dem Text zusammenhängt. Musik hat für mich ohnehin eine besondere Kraft. Ich verknüpfe viele intensive Erlebnisse oder Emotionen mit bestimmten Liedern. Zum Beispiel eine Erinnerung daran, wie ich im Training total am Anschlag bin und doch durchbeisse. Vor einem Wettkampf kann dasselbe Lied dann optimistische und kämpferische Gefühle wecken. Deshalb hat meine Playlist fast schon etwas Intimes für mich.

Und wenn ich Alphörner und Jodelgesang höre, bekomme ich oft Gänsehaut und spüre eine gewisse Anspannung aufwallen. Kein

Wunder: Es ist der Klang, der einen während der Karriere oft zum Schlussgang geleitet.

Ich bin nicht nur ständiger Favorit, sondern werde auch anders wahrgenommen. Meine anderen Erfolge zählen weniger. Dass ich mehr als 100 Kränze habe? Ganz okay. 12 Brünig-Kränze? Aha. 17 Kränze in Folge am Oberländischen? Wen interessierts. Ich kann gut damit leben. Ich merke ja auch, dass sich meine Ziele verändern.

Schwingerkönig sein ist ein Qualitätsmerkmal, Dinge wie eine gewisse Anzahl Kränze sind quantitative Ziele. Und diese verlieren dann an Wert, wenn du Schwingerkönig bist. Darum setze ich mir keine bestimmte Zahl an Kränzen als Fixpunkt. Ich will mir einfach punktuell Highlights setzen in der Saison, dort meinen Ansprüchen gerecht werden und in jedem Gang mein Maximum geben können. Mit 31 Jahren wäre alles andere auch utopisch.

Eigentlich müsste ich nicht nur die Erwartungen runterschrauben, sondern auch die Anzahl Wettkämpfe reduzieren. Ab einem gewissen Alter ist dies das einzig Richtige: sich die Freiheit rausnehmen, zu priorisieren und genügend Erholungszeit einzurechnen. Klingt logisch, ist aber schwer umsetzbar – und dieses Dilemma gibt es in vielen Sportarten.

Der Einzige, der es wirklich gut macht, ist Roger Federer – mit dem ganzen Shitstorm, den es nach sich zieht, wenn er weniger Turniere pro Jahr macht. Aber wenn du das wirklich durchziehst als Schwingerkönig, bist du einen Kopf kürzer. Dann heisst es: Rosinenpicker!

Ich verstehe aus Sicht der Organisatoren von Schwingfesten auch, weshalb es problematisch wäre, wenn die Topschwinger nur noch ganz wenige Feste absolvieren: Die Veranstalter machen das alle ehrenamtlich. Sie sind darauf angewiesen, gute Schwinger auf der Teilnehmerliste zu haben, denn das lockt Zuschauer an.

Und ein König verleiht einem Fest allein durch seine Anwesenheit

Oberländisches Schwingfest in Grindelwald 2017. Foto: Rolf Eicher schon einen gewissen Glanz. Das merke ich selber, und fühle mich nicht immer wohl mit all der Aufmerksamkeit, die mir an Festen zuteil wird.

Am Respekt unter den Schwingern ändert sich kaum was. Manche schauen vielleicht etwas eher auf mich, beobachten, wie ich esse, mich anziehe oder so. Aber es ist keine massive Veränderung, ich gehörte ja auch schon vorher zu den Routiniers und genoss einen gewissen Respekt.

Ich selber merke, dass ich noch weniger nach links und rechts schaue als bisher, mich kaum noch an anderen orientiere. Schon immer hatten Roli und ich einen Vorwärtsdrang, nun ist er noch stärker. Mir gefällt der Slogan «The First never follows» – und genau danach richten wir uns. Ich will vorangehen.

Wie Getriebene probieren wir Neues aus. Unser Anspruch ist immer, nicht einfach ein wenig vorauszudenken, sondern am besten schon weit voraus.

> «In all den gemeinsamen Jahren arbeiten wir nie gleich. Wir schauen immer wieder die Ist-Situation an und überlegen, was sich verbessern lässt. Dann packen wir es an. Manchmal finden wir etwas raus, das toll funktioniert. Dann könnte man sich entweder ausruhen und zufriedengeben – oder wie wir: kurz ausruhen und dann weiter feilen.»
> Roli Fuchs, Athletiktrainer

Roli und ich warten nie auf sportwissenschaftliche Studien, sondern probieren Dinge einfach aus. Zum Beispiel Okklusionstraining, das Abbinden der Beine, um den Blutfluss zu hemmen: Wir wissen nicht, was das bei mir für Effekte hat, als wir es das erste Mal probieren, kennen nur vereinzelte Untersuchungen dazu. Ich binde die Beine ab und mache ein paar Kraftübungen, es fühlt sich gut an und gibt einen anderen Reiz. Natürlich kann man solche Dinge nur unter professioneller Aufsicht ausprobieren.

Als Aktiver habe ich keine Zeit, auf eine Wirksamkeitsstudie zu warten; wenn eine Methode zum Trend wird und das alle machen, muss man schon wieder woanders sein.

Ich habe natürlich auch ab und zu Ideen und Inputs, aber das meiste kommt von Roli. Immer, wenn ich denke, dass wir den Peak erreicht haben, kommt er mit etwas Neuem.

Ausprobieren, analysieren, weiter voranschreiten, keine Verschnaufpause. Es ist wie ein Sog.

Ich bin voll im Hamsterrad und habe gar nie Zeit, um mich selber toll zu finden und meinen Erfolg so richtig zu geniessen. Schon kommt wieder das nächste Fest, die nächste Spitzenpaarung, das nächste Training.

All das kostet Kraft, aber es bereitet auch sehr viel Befriedigung. Und ich will mich nicht irgendwann fragen, ob ich vielleicht mehr hätte tun können – deshalb ist das mein Weg.

Natürlich gäbe es auch einen anderen: illegale Substanzen.

Diese Sachen sind super, das weiss ich aus der Theorie. An der harten Grundlagenarbeit kommt niemand vorbei, aber wenn man Doping richtig macht, lässt sich die Höchstleistung und die Regenerationszeit massiv beeinflussen. Auf meinem Weg zur Titelverteidigung wäre Doping sehr hilfreich gewesen, anabole Steroide oder so.

Mit Roli hatte ich schon früh in meiner Karriere eine heftige Diskussion über Ethik im Sport. Für ihn ist es schon Betrug, wenn zum Beispiel ein Slalomfahrer nicht zugibt, dass er eingefädelt hat. Für mich ist das eine Grauzone. Manchmal ist man sich im Wettkampfmodus nicht sicher, ob tatsächlich alles korrekt war. Ich glaube, dass sich das ausgleicht über eine Karriere. Ich habe vielleicht auch ab und zu einen Gang gewonnen ohne Hosengriff. Genauso wurde ich wohl ab und zu so besiegt.

Für mich ist das Nichtmelden einer allfälligen Unkorrektheit unbewusstes Betrügen, Doping aber ist bewusster Beschiss, ein No-Go.

Die Verlockung für Substanzmissbrauch hat in den letzten Jahren im Schwingsport sicher zugenommen – seit Geld im Spiel ist. Wenn bei einem Schlussgang am Eidgenössischen als Preis nicht nur ein Muni winkt, sondern auch die Aussicht auf lukrative Verträge, dann mag das für manche ein zu starker Anreiz sein.

Wenn man bedenkt, dass mein Schlussgang gegen Armon nur noch zweieinhalb Minuten dauerte und ich nicht mehr so viel Energie hatte: Zweieinhalb Minuten länger mithalten können und dafür Sportmillionär werden? Wer behauptet, diese Verlockungen seien nicht da, lügt. Deshalb ist es gut, dass der Eidgenössische Schwingerverband sich mittlerweile stärker in der Dopingbekämpfung engagiert. Ich werde im Lauf meiner Karriere viel getestet, zu jeder Tages- und Nachtzeit und finde das sehr gut und wichtig.

Ich glaube, dass die Mehrheit der Schwinger keine unredlichen Absichten haben. 98 Prozent der Schwinger sind Breitensportler, die sich teilweise einfach nicht genügend informieren, was sie dürfen und was nicht. Viele Dopingvergehen basieren auf Unprofessionalität, das wird auch in Zukunft so sein. Wer aber mehrere Male pro Woche trainiert und sich im Bereich des Leistungssports bewegt, ist ambitioniert und kennt die Grundregeln. Kennt auch die App, wo man Medikamente überprüfen kann, ob sie auf der Dopingliste stehen. Andere greifen bei Krankheiten einfach daheim ins Apothekerschränkchen und nehmen eine Tablette; man kann es ihnen fast nicht übelnehmen.

Ob man dopt oder nicht, ist eine ethische Frage, die sich jede Sportlerin und jeder Sportler selber stellen muss. Wie du sie beantwortest, sagt auch viel über dich als Mensch aus. Für mich persönlich treffe ich die Entscheidung sehr früh.

Doping ist kein Thema.

Vom wissenschaftlichen Standpunkt her finde ich interessant, was sich alles noch optimieren liesse. Aber von Dopingmissbrauch halte ich gar nichts. Ich will kein Betrüger sein, will jeden Tag in den Spiegel schauen und mich dabei gut fühlen.

Also mache ich weiter wie bisher. Ich bin in meiner ersten Saison als König nicht der Überflieger, aber solid.

Und muss immer wieder schmunzeln über die andere Wahrnehmung meiner Leistungen. Im Mai hole ich am Emmentalischen den Kranz, belege mit drei Siegen und drei Gestellten den achten Rang. Ein Trainingskollege erreicht exakt dieselbe Punktzahl und gewinnt seinen ersten Kranz; er wird beglückwünscht, zu mir sagt man, ich solle den Kopf nicht hängenlassen.

> «Ich kann nicht damit umgehen, wenn jemand in meiner Nähe an einem Schwingfest negativ über Mätthel spricht. Aussagen wie ‹Das ist der schlechteste Schwingerkönig, den es je gegeben hat› treffen mich mitten ins Herz. Nur ganz wenige wissen, wie viel harte Arbeit, eiserner Wille und welche Unmenge an Disziplin und Demut dahintersteckt. Zu gerne würde mich jeweils in solche Diskussionen einbringen und einen träfen Spruch platzieren, reisse mich aber zusammen.»
> Claudia Hediger, Freundin

Die Leistungskurve zeigt aufwärts. Ich besiege am Oberländischen zwei Eidgenossen, erhalte den Kranz und habe ein gutes Gefühl im Hinblick auf meine Saisonhöhepunkte, den Brünigschwinget und Unspunnen.

Zwei Tage später stehe ich auf der Gondel.

12 Meter

Sturz von der Gondel

Ich stehe auf der Gondel Nummer zwölf. Ein schöner Morgen im Juni, die Alpwiese unter mir leuchtet sattgrün, der Himmel ist etwas verhangen. Rundherum Berge, an den Flanken noch schneebefleckt. Unten das Haslital, meine Heimat.

Ein schöner Ort für ein Fotoshooting mit der Schweizer Illustrierten. Sie wollen mich bei der Arbeit fotografieren, im Hinblick auf den diesjährigen Unspunnen-Schwinget begleiten sie alle Spitzenschwinger im Berufsalltag. Ich bin seit drei Jahren bei den Bergbahnen Meiringen-Hasliberg in der Funktion des Personalbetreuers. Die Weiterbildung der Angestellten ist in meinem Bereich angesiedelt und ich figuriere als Bindeglied zwischen Geschäftsleitung und Mitarbeitenden. Zu dieser Zeit bin ich während der Arbeit immer draussen unterwegs.

Vorher fuhren wir mit der Gondel in die Zwischenstation. Dort stieg ich auf das Kabinendach, mit dem Sicherheitsgurt, gut festgezurrt, klickte den Sicherungshaken unten am Gehänge der Gondel ein. Ich setzte mich, die Gondel fuhr los, 100 Meter talwärts. Die Leute von der SI gingen zu Fuss. Unten angekommen, stand ich auf und klickte mich an die Klemme, die am Drahtseil greift.

Jetzt stehe ich da. Atme die Bergluft ein. Blicke nach unten, zum Fotografen.

Höhenangst habe ich keine. Als Personalbetreuer führe ich in den Zwischensaisons oft technische Revisionen durch, ich kenne die Abläufe und Sicherheitsvorkehrungen und besitze die notwendigen Ausbildungen. Wir sind bei Revisionen manchmal mit Revisionsgondeln unterwegs, mit sogenannten Barellen.

Kurz vor dem Unfall 2017. Foto: Schweizer Illustrierte

Nur 15 Minuten dauert das Shooting, dann haben wir gute Bilder. Ich setze mich wieder aufs Gondeldach und funke meinen Kollegen in der Station. Die Gondel setzt sich in Bewegung, ganz langsam.

Wir kommen zur Stütze 11.

Stützen sehen so aus: auf jeder Seite mehrere grosse Rollenbatterien, die das Drahtseil führen; und Seilfänger, die das Seil zusätzlich sichern.

Plötzlich merke ich, wie es mich vom Gondeldach nach oben zieht. Ich habe den Sicherungshaken am falschen Ort eingeklickt, eine kleine Unachtsamkeit. Mein Sicherungsseil verheddert sich in einem Seilfänger, bleibt an der Stütze hängen.

Die Gondel fährt weiter, mein Seil hängt an der Stütze, es spannt sich, hebt mich hoch zum Drahtseil. Ich sehe die Rollenbatterie vor mir, es zieht mich langsam zu ihr hin.

Ich nähere mich einem Seilfänger, kann mein Sicherungsseil lösen, sinke wieder ein wenig runter, weg vom Drahtseil.

Dann spannt sich mein Sicherungsseil, zieht mich wieder hoch. Die Rollenbatterie kommt näher.

Auch beim zweiten Seilfänger kann ich mich lösen, sinke wieder runter.

Beim dritten Seilfänger kommt mein Seil an eine scharfe Kante.

Es reisst.

Ich falle rückwärts.

Auf die Gondel.

Rutsche vom Dach.

Stürze in die Tiefe.

12 Meter.

Mindset

Nach dem Unfall

Ich liege im Gras, höre Schreie.

In Krimis heisst es manchmal, jemand höre Schreie und merke dann, dass die ja aus dem eigenen Mund kommen. Bei mir ist das nicht so. Ich muss nicht schreien, ich habe keine Schmerzen. Das Adrenalin rauscht durch meinen Körper, überspült alle Empfindungen.

Die Leute von der Schweizer Illustrierten kommen angerannt, ihre Gesichter sprechen vom Horror, den sie eben erlebt haben.

Ich hebe den Kopf, schaue an mir runter. Auf meinem linken Fuss ist ein faustgrosser Knubbel. Ich stütze mich auf die Unterarme, möchte aufstehen. Der Fotograf hilft mir, auf ein Betonfundament zu sitzen. Es ist etwa einen Meter vom Absturzort entfernt. Ganz in der Nähe ist auch noch ein Stapel abgesägter Baumstrünke. Gut, bin ich auf der Alpwiese gelandet. Gut, ist das Gelände hier etwas abschüssig und der Boden frühmorgens noch leicht feucht.

Zwei Arbeitskollegen kommen mit dem Jeep angefahren. Ich sitze auf dem Betonfundament und spüre immer noch keine grossen Schmerzen. Ist alles gar nicht so schlimm?

Nach wenigen Minuten kommt die Rega, ich werde auf eine Bahre verladen und erhalte Schmerzmittel. Der Marketingchef der Bergbahnen setzt sich auch in den Helikopter und begleitet mich. Unterwegs fällt mir ein, dass ich meine Mutter anrufen muss. Ich will ihr sagen, dass alles gut wird. Sie soll nicht via Onlinemedien erfahren, was mir passiert ist. Ich erwische sie, als wir im Inselspital landen.

Der Marketingchef ruft währenddessen Claudia an, sie hat zufälligerweise an diesem Tag auch einen Termin im Inselspital.

Ich weiss, dass ich Claudia bald sehen werde. Das ist gut.

Erst einmal werde ich aber untersucht. Man schneidet mir die Kleider vom Körper, es geht ab zum Ganzkörper-MRI. Ich liege in der Röhre, mit geschlossenen Augen, es summt und brummt.

Und plötzlich wird es mir bewusst. Was passiert ist. Was noch hätte passieren können.

Mir wird kalt, extrem kalt. Ich muss mich übergeben.

Nach dieser Untersuchung und weiteren Tests komme ich in ein Zimmer auf dem Notfall. Claudia darf mich besuchen.

Jetzt strömen viele Ärzte und Pflegende in mein Zimmer, erzählen, was alles kaputt ist und was sie vorhaben.

Ich bin wohl zuerst mit dem linken Fuss und dem rechten Knie am Boden aufgeprallt. Visuelle Erinnerungen an den Sturz habe ich nicht. Der linke Fuss ist gebrochen, der Talus, also das Sprungbein, wurde wie mit einer Guillotine abgeschnitten und zwei Bänder sind gerissen. Ich habe einen Riss im Becken, die Symphyse wurde gesprengt. Dazu kommen ein Innenbandriss, ein angerissenes Kreuzband, eine Blutung im Schienbeinkopf, mehrere Bänderrisse am Fuss und zwei verschnittene Finger. Die Ärzte sprechen auch noch von einer früheren Rippenverletzung, die ich offenbar nicht bemerkt hatte.

Ich sage: «Stopp. Erzählen Sie mir nur das, was beim Unfall kaputtgegangen ist.»

Der Rest ist okay, wie es ist. Ich kann gerade nicht über frühere Verletzungen nachdenken, will mich nur auf das Jetzt fokussieren.

Die Diagnose klingt gar nicht so verheerend. Mein Sportlerhirn rattert. Jetzt ist Ende Juni, der Saisonhöhepunkt Unspunnen-Schwinget folgt erst Anfang September. Das könnte reichen für die Rückkehr ins Sägemehl, oder?

Ich denke laut und blicke in die Runde. Viele der Ärzte sind Deutsche und kennen den Schwingsport und dessen Belastungen nicht. Und ihr Hauptfokus ist ein anderer: Vor ihnen liegt ein Patient mit einem Polytrauma, sie müssen erst mal schauen, dass er ausser Lebensgefahr ist, wollen die schlimmsten Verletzungen operieren. Ob und wie ich meine Sportkarriere weiterführen kann, ist für sie gerade irrelevant.

Aber im Raum ist auch Prof. Dr. med. Matthias Zumstein, stellvertretender Klinikdirektor an der Universitätsklinik für Orthopädische Chirurgie und Traumatologie, früher ein Schweizer Spitzenhandballer. Als er mich von einem Comeback beim Unspunnen-Schwinget fabulieren hört, beisst er auf die Zähne, schaut mir direkt in die Augen – und schüttelt den Kopf.

Es wird nicht reichen.

Egal was ich tue.

Ich lasse los.

Und obwohl die Situation nicht toll ist, obwohl wir gerade über Operationen sprechen und mein Körper gröber lädiert ist: Mit dem Loslassen überkommt mich eine angenehme Entspannung. Der Druck der vergangenen Monate fällt von mir ab.

Ich habe jetzt alle Zeit der Welt.

Es gäbe die Option, das Becken konservativ zu behandeln, aber Dr. Zumstein rät mir aus der Sicht eines Sportlers und mit Kenntnis des Schwingens, dass er das Becken operieren würde. Wenn ich je wieder schwingen will, ist das notwendig, damit es sicher richtig zusammenwächst. Ich bin einverstanden.

Während ich mit den Ärzten spreche, ist mein Manager Beni Knecht schon am Rotieren.

> «Von einer Sekunde auf die andere bin ich Krisenmanager. Ich hole mir die Legitimation von Heidi Glarner, dass ich im Namen von Mätthel funktionieren darf. Dann erstelle ich rasch ein Konzept. Ich arbeite von daheim, Claudia ist ja im Spital; ich nehme Kontakt auf mit der Medienchefin des Inselspitals, mit Leuten von der Polizei. Wir müssen Mätthel abschirmen. Die Medienanfragen prasseln auf mich ein, der Unfall hat sich rasch herumgesprochen. Aber solange die Operation nicht durch ist, muss ich vertrösten. Ich kann in den ersten Stunden auch nicht vor ein Mikrofon stehen, bin emotional viel zu betroffen. Das ist nicht irgendeine Person, die diesen Unfall hatte und die ich jetzt vertrete, es ist Mätthel.»
> Beni Knecht, Manager

Die Operation dauert zirka sieben Stunden. Der Bruch am Fuss und das Becken werden geflickt, eine Handchirurgin stellt die zerschnittenen Finger wieder her.

Als ich erwache, ist es später Abend. Ich bin im Aufwachraum, habe eine Narbe vom Schritt bis knapp unter den Bauchnabel, es sieht aus wie ein Reissverschluss. Der Fuss ist beidseitig operiert, die Finger grob genäht. Jetzt spüre ich Schmerzen, aber es überwiegt das positive Gefühl, dass es relativ gut ausgegangen ist für mich.

In dieser ersten Nacht nach dem Unfall bin ich groggy von der Operation und dämmere schnell wieder weg.

Am nächsten Tag besuchen mich meine Eltern und Roli im Spital.

«Das erste, was Mätthel zu mir sagt: ‹Hast du Zeit? Ich komme nur zurück, wenn du Zeit hast.›»
Roli Fuchs, Athletiktrainer

Roli sagt nur: «Ja klar.»

Der zweite Abend nach dem Unfall ist schlimmer als der erste, viel schlimmer. Ich fühle mich nicht mehr belämmert wie im Aufwachraum, sondern bin im Spitalzimmer und weiss, es hat vieles zusammengepasst, dass ich jetzt überhaupt hier liege. Aber mit diesem Bewusstsein kommen auch Gedanken und Fragen hoch. Was wäre wenn? Was hätte ich anders machen können? Was hätte alles passieren können? Unendlich viele Male spiele ich innerlich verschiedenste Szenarien durch. Ich bin eher übervorsichtig, generell im Leben, beim Skifahren, beim Autofahren, bei allem. Und dann passiert sowas ausgerechnet mir.

Todesangst hatte ich nie. Und beim Sturz ist auch nicht das Leben an mir vorbeigezogen. Das geht so rasant schnell, ich kann nicht behaupten, dass ich irgendwie reagiert oder den Körper gesteuert hätte während des Fallens. Vielleicht wurden unbewusst Reflexe aktiviert – aber alles andere wäre gelogen. Wahrscheinlich haben mir beim Sturz meine körperlichen Voraussetzungen geholfen.

Das Fallen war auch nicht so schlimm, es dauerte vielleicht eineinhalb Sekunden, so rechne ich es mir jedenfalls mithilfe meiner bescheidenen Physikkenntnisse aus. Ich fiel, dann gab es einen Schlag, fertig.

Aber die Erinnerungen an das Davor, die suchen mich heim. Ich kann nicht schlafen, obwohl Körper und Geist dringend Ruhe bräuchten. Immer wieder kommen Erinnerungsfetzen.

Das schlimmste Bild: Rollenbatterien, die näherkommen. Diese grossen Metallrollen verrichten zuverlässig ihre Arbeit, egal, was ihnen in die Quere kommt, sie sind fast wie Kreissägen. Es gab schon zahlreiche Horror-Unfälle, wenn Leuten die Ärmel reingezogen wurden, oder Haare.

Der Anblick dieser Rollenbatterien und dazu das Gefühl, völlig machtlos zu sein, mich nicht befreien zu können – das verfolgt mich in dieser Nacht.

Aber, Moment: Ich bin jetzt nicht mehr machtlos. Ich habe während meiner Karriere gelernt, Dinge zu überwinden, Niederlagen, Misserfolge, Schwierigkeiten. Also vertraue ich auf eine bewährte Technik und mache dasselbe wie nach einem verlorenen Gang:

Fokussiere dich auf das Ereignis, finde drei negative und drei positive Dinge. Dann ziehst du einen Strich drunter und machst den nächsten Schritt.

Negativ ist, dass die Schwingsaison vorbei ist, wo meine Formkurve doch gerade stark nach oben gezeigt hätte. Ich kann den Brünigschwinget vergessen, Unspunnen auch. Und der Gedanke an den Rummel, den dieser Unfall auslöst, stresst mich schon jetzt. Ich werde über andere Dinge sprechen müssen als über meine sportlichen Leistungen, werde im Fokus stehen, ohne tatsächlich etwas vollbracht zu haben.

Positiv ist, dass der ganze Druck wegfällt, dem ich mich diese Saison hätte stellen müssen. Ich bin nicht mehr der Gejagte, ich bin die Anspannung an den Abenden vor den Festen los. Ich kann loslassen, so wie früher nach dem Ende einer normalen Saison, wie damals, als ich noch nicht König war. Ich kann aus dem Hamsterrad Spitzensport aussteigen, und spüre gleichzeitig, dass ich irgendwann wieder schwingen werde. Mir ist auch bewusst, dass ich trotz dem Horror-Sturz grosses Glück gehabt habe.

Ich denke an diese Dinge, möglichst klar und konzentriert. Dann hake ich das Ganze innerlich ab.

Ab jetzt geht es vorwärts.

* * *

Zuerst einmal kommt das Rösslispiel: Der Versuch, den Rummel möglichst in Grenzen zu halten. Ich bin im Inselspital in einem Einzelzimmer und muss eine Liste mit zehn Personen machen, die mich besuchen dürfen. Auch einen Decknamen bekomme ich: Hartmut-Norbert Kleekamp.

Einmal fragt mich einer der Angestellten, ob ich Holländer sei. Ich antworte ihm, ich sei nicht die Person, die auf dem Namensschild steht. Er zwinkert mir zu und nickt.

Ich habe keine Ahnung, wie gross das Medieninteresse ist, Beni regelt das alles. Ich bin unendlich froh, habe ich ihn, jemanden, dem ich vollkommen vertrauen kann. Ihm geht es nicht um Vermarktung, nicht um Popularität, nicht ums Geldanhäufen. Er weiss genau, was ich jetzt brauche: Ruhe zum Durchatmen und Gesundwerden.

«Einige Medien sind sehr aggressiv. Ein Journalist gibt sich beim Empfang des Inselspitals als ziviler Polizeibeamter aus. Aber Mätthel ist anonymisiert und im System nicht auffindbar. Die Angestellte meldet den Vorfall dem Sicherheitspersonal und das hat zur Folge, dass die Sicherheitsstufe nochmals erhöht wird.

Der Beamte, der vor Mätthels Zimmertür steht, wird abgezogen, er ist ein zu auffälliger Hinweis. Am Tag nach der Operation geben wir ein Communiqué raus, das die wichtigsten Fragen beantwortet. Dann sagten wir, dass es in einigen Tagen eine Medienkonferenz gibt und ab da ist es ruhiger.»
Beni Knecht, Manager

Plötzlich steht einer in meinem Zimmer, mit dem ich nicht gerechnet hätte: Christian Stucki, mit einem Plastiksack voller Red Bull und Süssigkeiten. Er ist spontan in der Nähe und Claudia erteilt dem Inselspital die Erlaubnis, ihn durchzulassen.

Neben Beni ist Claudia in diesen Tagen ein essenzieller Support für mich. Sie hat ihr Büro quasi in mein Spitalzimmer gezügelt und ist einfach da.

Ich möchte, dass das Interesse an mir nachlässt und keine Medienvertreter mehr versuchen, in mein Zimmer einzudringen. Beni rät, proaktiv zu handeln. Ich poste auf den Sozialen Medien ein Bild von mir im Spitalbett. Tatsächlich kehrt danach Ruhe ein.

Das Verrückte ist: Das Foto aus dem Spital erhält eine Reichweite von 650000 Personen, beim Foto vom Siegermuni in Estavayer waren es etwa 150000. Das zeigt, wie manche Leute ticken, welche Schicksale sie mehr interessieren. Es ist bewegender, wenn es dich beinahe erwischt, als wenn du einen Erfolg feierst.

In diesen ersten Tagen erscheint auch das Foto von mir auf der Gondel in der Schweizer Illustrierten. Die Momentaufnahme gefällt mir eigentlich, und dass das Bild publiziert wird, stört mich nicht. Ich bin allerdings froh, dass es kein Video vom Unfall gibt.

Jetzt konzentriere ich mich aber auf mich, nicht auf die Aussenwahrnehmung – so, wie ich es immer mache.

Die ersten Tage im Spital sind hart. Der Körper zeigt mir deutlich, was mit ihm passiert ist, ich bekomme relativ viele Schmerzmittel.

Damit kann ich aber eher umgehen als mit der Hilflosigkeit. Sitzen ist schwierig, am rechten Bein muss ich eine Schiene tragen und darf nicht mehr als einen 90-Grad-Winkel machen. Mit Katheter, Narben und so weiter kann ich vieles nicht allein erledigen. Duschen, zur Toilette gehen, mich rasieren und anziehen – das sind für mich die Basics eines selbständigen Lebens, und jetzt geht das plötzlich nicht. In der Anfangszeit schäme ich mich sehr, mir helfen zu lassen.

Die Pflegenden nehmen das alles total cool – bewundernswert, wie sie ihren Job machen. Sie kommen auch relativ gerne zu mir und sagen, ich sei sehr positiv eingestellt, immer dankbar und freundlich und kein Jammeri.

Ich mache Witzchen und schaue nach vorne. Ja, mir ist etwas Unschönes passiert, aber ich bin nicht der ärmste Mensch auf der Welt. Alles passiert aus einem Grund, und es gibt nicht nur Negatives.

> «Sein positives Mindset ist riesig.
> Alles macht ihn stärker.»
> Claudia Hediger, Freundin

Mir ist bewusst, dass nicht alle so positiv denken, dass das eine Stärke von mir ist. Ich glaube einfach:

Wenn du nicht lernst, Dinge aus verschiedenen Perspektiven zu betrachten und auch das Positive im Negativen zu sehen, hast du ein ganz schwieriges Leben.

Du machst es dir schwerer, als es sein müsste.

Niemandem, der im Inselspital liegt, geht es gut. Den Unterschied macht die individuelle Bewertung des Ereignisses: Einige brechen sich den Finger und fühlen sich wie die Ärmsten der Welt.

Aber wenn du links und rechts guckst, gibt es Leute, denen es noch schlimmer geht. Ich will nach vorne schauen und glaube fest, eine positive Einstellung hat einen positiven Einfluss auf die Heilung.

Mit Jammern konnte ich noch nie viel anfangen, ich bin so erzogen worden, dass man auch mal auf die Zähne beisst. Und ich habe sicherlich ein positiv gestimmtes Naturell.

«Ich hörte ihn noch nie hadern. Wirklich nie.»
Katrin Glarner, Schwester

Aber man kann auch lernen, seine Gedanken zu steuern. Die Zusammenarbeit mit meinem Sportpsychologen Röbi Buchli hat mir sehr geholfen dabei, mein natürliches Positivdenken noch mehr zu stützen. Jetzt ist es nicht nur intuitiv, sondern ich kenne Strategien für verschiedenen Situationen.

Und einmal verwende ich eine andere Strategie, um mich aufzumuntern: den Happy-Knopf. An einem Sonntagmorgen Anfang Juli gucke ich mir beim Frühstück im Spitalbett ein Schwingfest an, das Innerschweizerische. Das ist ein spezieller Morgen: Ich bekomme immer morgens ein Opiat über eine Infusion. Mit einem Knopf kann ich die Dosierung selber steuern und an diesem Morgen drücke ich den Knopf oft, verlange sogar nach einer zweiten Dosis, weil ich fast unerträgliche Schmerzen habe. Danach finde ich einfach alles sehr lustig.

Ich kann das Schwingfest anschauen, ohne mich zu sehr zu quälen, dass ich nicht dabei bin. Was mir fehlt, ist weniger der fehlende Wettkampf, sondern die Möglichkeit einer körperlichen Aktivität an sich. Erst gerade war ich noch täglich im Training und gut in Form, jetzt liege ich mehrheitlich im Bett und darf erst nach einigen Tagen an Krücken gehen, und auch das nur langsam und dosiert.

Der Bewegungsdrang ist riesig, es erfordert viel psychische Kraft, ihn zu zügeln. Sehr oft drückt mein Ehrgeiz durch. Wenn ich zehn Meter an Krücken laufen soll, probiere ich es mit 20. Wenn ich

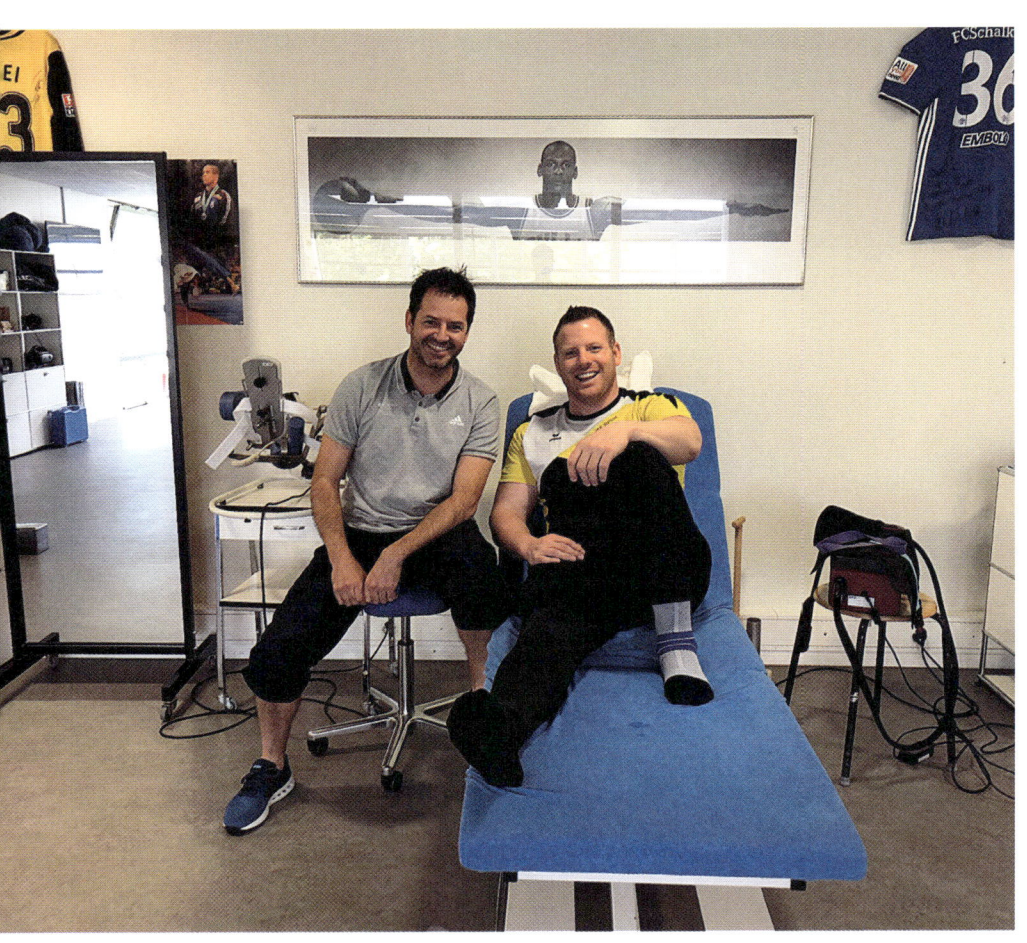

Mit meinem Physiotherapeuten Simon Trachsel in Magglingen.
Foto: Matthias Glarner

vier oder fünf Treppenstufen hoch gehen darf, bitte ich um zehn. Ich setze mir Ziele. Auf extrem tiefem Niveau, aber immerhin.

Es spielt keine Rolle, wie hoch oder tief Ziele sind. Wichtig ist, dass man etwas hat, was man erreichen will.

Als Sportler ist das verinnerlicht, dieser Ehrgeiz und der Mechanismus, sich auf etwas zu fokussieren.

Nach neun Tagen darf ich das Spital verlassen. Ich muss nur noch etwas hinter mich bringen: die Pressekonferenz. 20 oder 30 Medienleute sind da. Ich stehe wirklich nicht gerne so im Mittelpunkt, möchte es einfach rasch hinter mich bringen.

> «Ich weiss, Mätthel möchte es kurz und schmerzlos machen, informieren, ein paar Interviews und fertig. Ich organisiere alles entsprechend und sage zu ihm: ‹Sonst darfst du immer bestimmen, jetzt bin ich kurz der Chef. Wenn du jetzt nicht folgst, sage ich bei der Anmoderation etwas Doofes über dich.› Er nickt brav. Ich moderiere die Pressekonferenz an, übergebe ihm das Wort – und als erstes sagt er: ‹Erst mal möchte ich Beni zum 50. Geburtstag gratulieren.› Und grinst. So typisch für ihn.»
> Beni Knecht, Manager

Ich erkläre ganz genau, was beim Unfall passiert ist. Damit es nachher nicht heisst, ich sei unvorsichtig gewesen oder jemand anderes habe Schuld.

Ab nach Hause.

* * *

Ich lese Kommentarspalten und ärgere mich. Über die Leute, die behaupten, ich sei ohne Sicherung auf eine Gondel gestiegen. Oder solche, die den Bergbahnen oder den Verantwortlichen der Schweizer Illustrierten Vorwürfe machen. Ich habe doch extra bei der Pressekonferenz detailliert erzählt, was passiert ist. Aber ich ärgere mich auch über mich selber, jeder weiss doch: Kommentarspalten soll man nicht lesen.

Dass die Schuldfrage die Menschen beschäftigt, kann ich nachvollziehen. Aber als Sportler lernst du früh, dich internal zu orientieren. Du wirst immer irgendetwas oder irgendjemanden finden, dem du die Schuld geben kannst – Wetter, Teamkollegen, Wertung, Verpflegung und so weiter.

Wenn du die Misserfolge routinemässig externen Faktoren zuschreibst, wirst du nie jemand ganz Grosses.

Das Eidgenössische in Burgdorf ist ein gutes Beispiel dafür: Es gibt viele, die Mitleid mit mir hatten wegen der Einteilung, weil ich im sechsten und siebten Gang gegen zwei Berner Brocken antreten musste. Ich sage immer, dass ich in Burgdorf einfach zu schlecht war. Dasselbe gilt für den Unfall. Ich habe mich falsch eingeklinkt, war einen Moment nicht bei der Sache.

Sicherheitsexperten sagen, dass es an diesem Punkt, wo ich mich gesichert habe, mit sehr hoher Wahrscheinlichkeit zu einem Unfall kommt. Es ist also nicht mal Pech, dass es so gekommen ist, sondern absolut mein Fehler. Jetzt muss ich damit leben und kann daraus etwas lernen.

So sehr ich bei Misserfolgen die Ursache bei mir selber suche, so mache ich es beim Erfolg gerade andersrum. Erfolg schreibe ich eher externen Faktoren zu. Ich habe mir selten nach einem Festsieg gesagt, dass ich das wirklich gut gemacht habe und an dem Tag der Beste war. In Erfolgsmomenten ist meine Schlussfolgerung eher, dass die Einteilung für mich lief, dass ein Gegner unachtsam war und dass es auch anders hätte kommen können.

Diese externale Denkweise hilft mir, nicht genügsam zu werden, immer weiter zu überlegen, was ich noch optimieren kann. Ich sage mir: Du hast vieles richtig gemacht, aber was hättest du getan, wenn die äusseren Umstände ungünstiger gewesen wären? Das bringt mich weiter, Genügsamkeit führt zu Stagnation.

Diese Denkweisen sind für mich als Sportler von grosser Bedeutung, um mit Erfolg und Misserfolg umzugehen. Und sie helfen mir auch jetzt, in der Verarbeitung des Unfalls und beim Vorwärtsschauen.

In der Verarbeitung blicke ich auch in die Zeit vor dem Umfall zurück. Vielleicht begann alles schon in den Wochen nach Estavayer, als ich sehr rasch wieder ins Training zurückkehrte.

Ich denke, dass die Fehler, die ich in den ersten Wochen als König gemacht habe, ein Mosaiksteinchen sind, das zum Unfall führte. All diese Hektik, die fehlende Zeit fürs Realisieren, das Vorwärtspreschen ohne Verschnaufpause – vielleicht führte das alles dazu, dass so etwas kommen musste. Es brauchte irgendwas, das mein Tempo bremst. Der Unfall war halt einfach ein sehr krasser Stopp.

Natürlich ist das Geschehene schlimm, eine grosse Zäsur in meinem Leben. Mein Körper ist gezeichnet und die Bilder von der näherkommenden Rollenbatterie begleiten mich regelmässig beim Einschlafen. Trotzdem gewinne ich dem Marschhalt Positives ab.

* * *

Daheim sein ist schön. Es ist zwar mühsam, dass ich so unselbständig bin. Ich kann nicht einfach duschen, habe den Fuss im Gips und muss die Wunde am Bauch abkleben. Ich humple an Krücken durch die Wohnung, kann nichts tragen. Eine Zeit lang bin ich in meinem Elternhaus, wo sich meine Mutter um mich kümmert. Denn Claudia geht direkt nach der Pressekonferenz in eine Weiterbildung und ich kann tagsüber nicht alles allein bewerkstelligen. Danach schaut

Claudia in unserer gemeinsamen Wohnung zu mir. Die beiden leisten grosse Arbeit, ich bin enorm dankbar.

Und ich, ich ruhe mich aus, tatsächlich. Ich war immer unter Strom während der Saison, als König noch mehr. Jetzt hat es mich quasi aus dem Hamsterrad rauskatapultiert. Ich nehme mir endlich Zeit zum Verarbeiten der vergangenen Monate. Schaue mir Videos an von Schwingfesten, nicht nur von Estavayer. Das Berner Kantonale in Unterbach war ein so wichtiger Schritt auf dem Weg zum Königstitel, dieser Sieg in meiner Heimat mit sechs gewonnenen Gängen gegen starke Gegner. Ich geniesse den Rückblick. Es kommt vieles hoch – Situationen, wo ich zwar anwesend war, aber geistig nicht wirklich präsent. Jetzt habe ich Zeit für all diese Erinnerungen.

Und ich beende endlich mein Masterstudium. In den Wochen nach meinem Unfall schreibe ich meine noch fehlende Geschichtsseminararbeit. Seit Jahren schiebe ich sie vor mir her, jetzt ist der Zeitpunkt da. Ich humple mit den Krücken ins Archiv der Bergbahnen Meiringen-Hasliberg, belade meinen Rucksack, gehe nach Hause und verfasse die Arbeit mit dem Titel «Die Seilbahnen als bedeutender Schrittmacher des Schweizer Tourismus». Ich nutze die durch den Unfall gewonnene Zeit für etwas Positives, erhalte eine gute Note.

Ich schaue mir nicht nur vergangene Schwingfeste an, sondern auch aktuelle. Das schmerzt teilweise, besonders beim Brünigschwinget Ende Juli. Hier nicht dabei sein zu können, macht nochmals deutlich, dass meine Saison vorbei ist. Aber es nützt nichts, mich davor zu verschliessen, das macht es nicht besser. An den Unspunnen-Schwinget gehe ich sogar als Zuschauer, mit Krücken. Anfangs stresst es mich, auf einem Platz zu hocken statt im Sägemehl zu schwitzen, aber irgendwann werde ich einfach Fan, geniesse das Zuschauen. Da merke ich, dass die Zeit nach dem Karriereende wohl nicht so schlimm sein wird.

Ans konkrete Ende denke ich jetzt aber noch nicht. Ich spüre, wie die Energie zurückkehrt. Und die Lust. Ich will nicht weitermachen, weil es andere von mir erwarten. Ich glaube, ich könnte nun zurücktreten und alle würden es verstehen. Aber ich höre in meinem Körper hinein und fühle, dass ich es wieder hinkriege.

Welches Ziel will ich mir setzen?

Ziele zu korrigieren ist immer sehr ärgerlich. Ich bin eher der Typ, der sich extra viel vornimmt und mit allen Mitteln versucht, es zu erreichen – also mit allen legalen Mitteln.

Schon direkt nach dem Schlussgang in Estavayer wusste ich, dass eine Titelverteidigung drei Jahre später beim Eidgenössischen in Zug schwierig würde. Jetzt nach dem Unfall ist klar: nochmals König werden, das ist fast unmöglich.

Trotzdem stecke ich mir das Ziel so hoch. Weil es auch meine Motivation erhöht, jeden Tag zu arbeiten. Mit einem niedrigeren Ziel hätte ich wohl mal ein bisschen trainiert und geschaut, wie es so funktioniert; das wäre nicht gut rausgekommen. Ich will wirklich nochmals alles geben – auch deshalb, weil ich dann sicherlich genügend fit bin fürs Alltagsleben.

Dieser Unfall ist kein Ende, sondern ein Rückschritt, um nochmals Anlauf zu holen. Es braucht einfach viel Einsatz. Aber wenn ich eines weiss, dann das:

Hart arbeiten kann ich.

Input vom Sportpsychologen Robert Buchli

Zuschreibung von Erfolg und Misserfolg

Diesem Phänomen wird in der Sportpsychologie viel Beachtung beigemessen. Es gibt unzählige Modelle für die Zuschreibung von Erfolg und Misserfolg.

Eines davon funktioniert so: Es werden zwei Dimensionen unterschieden:

1. Ist der Grund für den Erfolg/Misserfolg der Person selbst zuzuschreiben (internal) oder haben äussere Faktoren (external) zum Erfolg/Misserfolg beigetragen?
2. Ist der Grund für den Erfolg/Misserfolg immer gleich (stabil) oder unterscheidet sich der Grund von Mal zu Mal (variabel)?

Ein Beispiel: Warum wurde Mätthel Schwingerkönig? Weil er hart dafür gearbeitet hat (internal/variabel) und er ein sehr guter Schwinger ist (internal/stabil). Oder auch weil er an diesem Tag Einteilungsglück hatte (external/variabel) oder die längere Gangdauer im Schlussgang (external/stabil) ihm entgegenkam.

Mätthel lernte in unserer Arbeit mit dem Modell schnell, dass er sich die Erkenntnisse zunutze machen kann. Und er war sogar so frech, das Modell für sich anders zu interpretieren: Er suchte im Erfolgsfall immer nach externalen Gründen, um sich selber, egal nach welcher Leistung, von neuem herauszufordern und weiter hart an sich zu arbeiten.

Schritt für Schritt

Zurückkämpfen ins Sägemehl

Welche Hüte will ich jetzt tragen?

Wie gross sollen sie sein?

Ich sitze im Auto und denke an das Bild mit den Hüten, das mir Röbi vor vielen Jahren zeichnete. Ich weiss: Die Wahl meiner Hüte ist matchentscheidend beim Comeback-Versuch. Ich will mich zurückkämpfen – koste es, was es wolle.

> «Er signalisierte: Ich gebe alles für diese zwei Tage, für das Eidgenössische in Zug. Ich will diese Emotionen nochmals erleben.»
> Robert Buchli, Sportpsychologe

Ich fahre nach Magglingen in die Reha. Das Tageslicht ist weich und golden, es ist Oktober. Ich bin jetzt seit mehr als einem Jahr Schwingerkönig und leistungsmässig meilenweit von damals entfernt. Ich weiss, was ich früher konnte, habe aber keine realistische Einschätzung, wie mein Körper zurzeit parat ist.

Der Unfall ist schon viele Wochen her, aber ich darf erst jetzt mit der intensiven Rehabilitation beginnen, weil vorher erst alles etwas verheilen musste. Bisher hatte ich nur einige Wochen sanfte Reha in Thun. Danach fuhren Claudia und ich eine Woche in die Ferien. Es tat so gut, mal wieder wegzukommen von Spitalatmosphäre, Physiotherapieräumen und Co.

Ich denke an die Hüte, an meine Ziele und entscheide: Der Schwingerhut muss der grösste und wichtigste sein. Das war er schon vor Estavayer und ich dachte damals, mehr Aufwand geht nicht.

Aber jetzt explodiert die Zeit, die ich ins Schwingen investiere. Was früher zweimal zwei Stunden Training pro Tag waren, sind nun ganze Arbeitstage, die sich nur noch um den Sport drehen. Von acht Uhr morgens bis fünf Uhr abends gibt es Reha-Massnahmen, rund vier Monate lang, die ersten drei Wochen in Magglingen.

Der Anfang ist extrem hart. Der Kopf erinnert sich an die letzten Übungen vor dem Unfall: Kniebeugen mit 200-Kilo-Gewicht auf den Schultern. Jetzt heisst es: Beckenbodentraining. Auf den Boden liegen und versuchen, den Bauch anzuspannen.

Im ersten Moment denke ich: Echt jetzt?!

Dann versuche ich es und merke, wie streng es ist. Die inneren Verletzungen, die Operationsnaht und wochenlanges Rumliegen haben dem Körper zugesetzt.

Also heisst es wieder: kleine Ziele setzen. Wenn ich zehn Minuten Beckenbodentraining schaffe, nehme ich mir fürs nächste Mal 15 Minuten vor.

Ich erkenne das Positive an diesen Übungen: Viele Sportler haben nicht die Zeit und Geduld, an der Basis zu arbeiten. Dabei sind solche Grundlagenübungen für den Körper äusserst wertvoll. Erst, wenn man nicht zu schnell vorwärtspreschen darf, widmet man sich intensiv den Basic-Elementen. Kein Wunder, kommen manche nach einer Verletzung stärker zurück als vorher.

Das ist eine wichtige Erkenntnis aus dieser Zeit:

Wenn du einen Rückschlag erleidest, dann nimm dir nicht vor, wieder zurückzukehren. Nimm dir vor, noch besser zurückzukehren.

Das bringt mir enorm viel Motivation. Und das Wissen um mein professionelles Umfeld gibt mir Zuversicht.

Die Reha-Phase ist intensiv, aber irgendwie auch spannend. Ich sehe es als eine Herausforderung, mich von simplen Beckenbodenübungen wieder zurückzuarbeiten ins Sägemehl.

Ich bin zwar gerne einer, der mitdenkt und hinterfragt. Aber wenn ich es mit Fachleuten zu tun habe, befolge ich einfach deren Anweisungen. Und beim Physiotherapeuten bin ich von Anfang an überzeugt von seinen Fähigkeiten. Aus Medienberichten weiss ich, dass er auch Dario Cologna betreut. Wenn er den hinkriegte, dann schafft er das mit mir auch, darauf vertraue ich voll.

Das Ziel des Physiotherapeuten ist es, mich stufenweise dahin zu bringen, dass ich den normalen Trainingsbelastungen standhalten kann. Ich soll so gesund werden, dass ich wieder leistungsorientiert trainieren kann. Er überwacht aber permanent die verschiedenen Stufen und schaut, dass diese eingehalten werden.

Weil ich lieber hart krampfe und nicht so gerne mit Samthandschuhen angefasst werde, ist Magglingen genau der richtige Ort für eine Reha. In normalen Reha-Kliniken bist du unter deinesgleichen, unter Leuten mit schweren Verletzungen. Magglingen aber ist ein Hügel voller Sportbesessener.

Du trainierst täglich inmitten von gesunden Sportlerinnen und Sportlern, das spornt an, zeigt dir eine Perspektive. Und niemand bemitleidet dich, sondern sie fragen, wann du wieder parat sein wirst. Es ist ein komplett anderer Drive.

Trotzdem gibt es natürlich mühsame Momente. Manchmal bin ich einfach müde, leer, frustriert. Zwischendurch fehlt mir die Motivation und ich frage mich, was genau ich hier tue. Manchmal hilft nur ausharren, irgendwann gehen diese Momente wieder vorüber.

> «Ich sehe in verschiedenen Sportarten hinter die Kulissen. Es gibt nicht viele, die nach derart heftigen Rückschlägen nochmals alles in eine Waagschale werfen. Mätthel nimmt das Hinterstletzte hervor und bündelt all seine Kräfte, um zurückzukommen. Ich bewundere ihn sehr, weil er sich wirklich nicht runterziehen lässt von Rückschlägen.»
> Claudia Hediger, Freundin

Nach drei Wochen Magglingen fahre ich wieder nach Hause und mache bis Neujahr von dort aus Reha. Im Januar und Februar absolviere ich jeweils drei Wochen Sportler-WK in Magglingen. Auch dort liegt der Fokus auf Rehabilitation. Ich darf aber wieder etwas trainieren, ausserhalb des Sägemehls.

* * *

Die Reha ist vorüber, ich bin wieder daheim, arbeite mit meinem Trainer Roli Fuchs weiter. Jetzt wird wieder die Leistung priorisiert, es gibt nur einen Fokus und keine Entschuldigungen. Wir arbeiten Tag für Tag, ich bin total am Anschlag, physisch und psychisch.

«Ich darf ihn nicht schonen. Er will ein Comeback geben und hat wie immer hohe Ambitionen. Aber jetzt ist
er eingeschränkt, das Fussgelenk funktioniert nicht
mehr wie früher. Er muss noch stärker werden, denn
wenn er sich mit dem Fuss nicht mehr so abdrücken
kann wie früher, wird sein Kurz-Zug weniger hoch.»
Roli Fuchs, Athletiktrainer

Was ich mit Roli erlebe, verbindet einen ein Leben lang. Diese Bin-
dung, die da entsteht, ist brutal ehrlich, es gibt kein Verstellen
mehr, man arbeitet aufs gemeinsame Ziel hin und investiert alles,
was geht.

Total anstrengend. Total beglückend.

Und ich werde jeden Tag stärker.

Und endlich stehe ich wieder im Sägemehl. Eigentlich müsste ich
etwas länger warten, aber ich habe das Glück, dass mit meinem
Cousin Simon Anderegg eine absolute Vertrauensperson im
Schwingkeller bereitsteht. Ich schwinge anfangs nur mit ihm. Er ist
instruiert, was man jetzt mit mir machen darf und was noch nicht.
Und wir kennen uns so gut, dass unabsichtliche Fehlbelastungen
praktisch ausgeschlossen sind: Ich weiss, wie er zieht – er weiss,
wie ich falle.

Später kann ich auch wieder mit den andere Klubkollegen trainieren. Ich sage, was geht und was nicht und sie achten tipptopp drauf.
Ich darf wieder kämpfen. Vorsichtig zwar, aber es geht aufwärts.
Und ich brauche es, wieder im Schwingkeller zu sein, den anderen
zuzusehen.

Es ist wie bei der Reha in Magglingen: Du siehst, wie fit die anderen sind und willst auch dahin kommen. Du strebst nach mehr und
mehr und wirst ungeduldig. In deinem Kopf ist auf der Festplatte
noch alles gespeichert, was vor dem Unfall galt: die Gewichte im
Kraftraum, die Technik beim Schwingen.

Ich muss mich oft zusammenreissen, nicht gleich Vollgas zu geben. Kleine Ziele anzupeilen, kleine Schritte vorwärts wertzuschätzen. Es ist schwierig, sich in solchen Momenten zu zügeln, aber es ist essenziell, die Grenzen zu spüren.

* * *

Obwohl mein Körper noch viel Erholung benötigt, arbeite ich wieder bei den Bergbahnen, habe schon vor der Reha damit begonnen. Das ist offenbar ungewöhnlich, ich könnte noch viel länger Suva-Gelder beziehen. Die Suva ruft mich an und fragt mit Entsetzen, ob ich wirklich bereits wieder im Arbeitsprozess sei. Aber wenn ich mich als arbeitsuntauglich melde, kann ich nicht guten Gewissens abends ins Schwingtraining.

Bei der Arbeit setze ich mich zwangsläufig nochmals mit dem Unfall auseinander. Ich gehe sogar wieder auf Stützen. Die ersten Male sind speziell, ich bin sehr verkrampft, sichere mich doppelt und dreifach und suche diese Tätigkeiten nicht offensiv. Aber es geht. Auch im Team sprechen wir nochmals über den Unfall. Eine offene Fehlerkultur ist wichtig, damit sowas hoffentlich nie mehr passiert.

Womit ich eher Mühe habe, sind Sprüche von aussen. Dass alle das Gefühl haben, sich zum Unfall äussern zu müssen. Ich weiss, es ist eigentlich nett gemeint, aber es nervt trotzdem.

Bitte kein Mitleid.

Ich kann damit nicht umgehen. Auch die Frage, wie es mir geht, vertrage ich je länger je schlechter. Ich höre sie einfach zu oft.

Und es nervt mich auch manchmal, wenn Leute mir ihre Deutung aufstülpen wollen. Wenn dir 50 Leute sagen, dass du grosses Glück gehabt hast, dann werde sogar ich irgendwann wütend. Und würde dem 51. dann am liebsten sagen: Klar, ich hatte extrem viel Glück. Aber auch Pech, dass es überhaupt passiert ist.

An einem guten Tag bleibe ich bis zum 80. Kommentar ruhig, an einem schlechten Tag möchte ich schon die 10. Person anschnauzen. Dann gehe ich jeweils auf dem schnellsten Weg nach Hause.

Vielleicht triggern mich diese Sprüche auch so, weil ich mir tatsächlich einige Gedanken mache über das Schicksal. Ich glaube, man hat nicht einfach einen Tank voll Glück auf dem Rücken und kann das ganze Leben davon zehren. Ich hoffe, ich habe bei diesem Sturz nicht alles Glück aufgebraucht.

Und manchmal frage ich mich, was besser wäre: ein Leben wie mein bisheriges, mit grossen Höhepunkten wie Erfolgen und dem Königstitel, aber auch mit Tiefen. Oder ein Leben ohne viel Wellengang, wo das Glück sich sanft über alle Jahre verteilt. So ein durchschnittliches Leben, wo ich zwar nicht König werde, aber auch nicht von der Gondel falle.

Grosse Fragen ohne Antworten.

Mein nahes Umfeld macht in der Anfangszeit zwar auch Sprüche zum Unfall, dort kann ich es allerdings gut annehmen. Roli sagt: «Ich bin schon gut, Mätthel. Aber auch nach 18 Jahren mit mir kannst du nicht fliegen.»

In gewissen Kreisen sind Sprüche total okay, Galgenhumor hilft ja manchmal weiter. Aber ich erlebe einige Momente mit vermeintlich lustigen Sprüchen, wo ich eher ratlos zurückbleibe und nicht verstehe, wie man Unbekannten sowas zugrölen kann. Allzu sehr aus der Bahn wirft mich das aber nicht.

Ich spare mir meine Energie lieber fürs Training. Zwischendurch bin ich gefrustet, weil es für meinen Geschmack zu langsam vorwärts geht. Die Momente der Stagnation nerven enorm, auch wenn sie dazugehören. Aber ich weiss aus Erfahrung, dass jede harte Phase irgendwann vorbei ist.

Ich versuche, nicht mehr so krass ins Hamsterrad reinzukommen, wie ich es vorher war. Will öfter eine Pause einplanen.

Von meinen Sponsoren kommt zum Glück kein Druck. Sie unterstützen mich, egal, was passiert ist. Einmal mehr bin ich stolz, dass ich passende Sponsoren ausgewählt habe und nicht einfach dem grössten Batzen hinterhergerannt bin.

> «Er war bei der Wahl der Sponsoren nie auf den Höchstbetrag aus, sondern wollte genau wissen, was hinter dem Produkt steht.»
> Heidi Glarner, Mutter

Also arbeite ich weiter, suche die Balance zwischen hartem Training und Erholung. Ich glaube, ich habe noch genügend Zeit bis zum Eidgenössischen in Zug, und kann den Aufbau sorgfältig angehen.

Ich täusche mich. Und wie.

Wettlauf

Komplikationen beim Comeback

Mein Körper heilt nicht wunschgemäss.

Bei Polytraumata ist es gemäss den Ärzten oft so, dass die bedrohlichen, herznahen Verletzungen besser heilen als die weiter entfernen Blessuren. Die Heilungskräfte des Körpers müssen offenbar Prioritäten setzen.

An meinem Becken ist eine mit sechs Schrauben fixierte Platte befestigt. Alles hält prima, ich habe nie Probleme damit. Aber mein linker Fuss ist weiter weg vom Herzen. Vielleicht hatte er deshalb beim Heilen zweite Priorität. Er macht jedenfalls Probleme.

Am Klubschwinget in Interlaken gebe ich Mitte Mai 2018 mein Comeback. Ich erreiche zwar den Schlussgang, schwinge dort gegen meinen Cousin Simon Anderegg und werde trotz einem Gestellten Festsieger. Aber all das geht nur mit sehr vielen Schmerzmitteln, mit einem Holzkeil im Schuh und Bandagen.

Ich bin weit entfernt vom Niveau eines Schwingerkönigs und breche die Saison nach vier weiteren Festen ab. So geht das nicht, es reicht niemals.

In Basel gibt es einen Fussspezialisten, PD Dr. med. Dr. phil. André Leumann. Ich fahre zu ihm, er schaut sich die MRI-Bilder an und sagt zu mir, meine Karriere sei beendet.

Ich sitze da wie geohrfeigt. Ich höre mir seine Beurteilung an: In meinem Fuss schwimmen Knochensplitter umher, es hat entzündetes Gewebe, der Talus ist nicht richtig verheilt, ist immer noch weich, und der Knorpel wächst auch nicht nach.

Aus, vorbei? Ich will das nicht hören.

Reha in Magglingen, zusammen mit Giulia Steingruber. Foto: Simon Trachsel

Ich sage zu Leumann, er müsse sich eine Lösung überlegen, es könne doch nicht sein, dass mein Fuss nicht mehr zu retten sei. Dann fahre ich heimwärts, bin aufgewühlt. Mit so einer drastischen Diagnose habe ich nicht gerechnet.

Unterwegs rufe ich zuerst Claudia an. Dann spreche ich mit Roli. Schon vorher haben wir viel darüber diskutiert, was wir machen könnten, um meinen Fuss irgendwie zu schonen, wie ich anders trainieren und schwingen könnte, damit dieses Handicap nicht so stark zum Tragen kommt. Er macht mir Hoffnung, dass wir alles tun werden, um allenfalls eine Lösung zu finden.

> «Wenn ein Gelenk nicht mehr funktioniert, muss man tüfteln – und braucht das Vertrauen des Athleten, dass er es probieren will mit dir.»
> Roli Fuchs, Athletiktrainer

Trotz Leumanns Worten: Die Gedanken an einen Rücktritt sind für mich zurzeit einfach keine Option.

Einige Tage später fahre ich wieder nach Basel. Und Leumann spricht von einer Möglichkeit, wie es vielleicht funktionieren könnte. Er will alles rausnehmen, rausputzen, zurechtschleifen, den Fuss so operieren, dass er einigermassen beweglich ist, dann könnte es gehen für Zug. Könnte.

Leumann sagt, er glaube selber nicht ganz daran. Aber wenn ich ein Spinner sei, wäre das die einzige Chance.

Bin ich ein Spinner? In dieser Hinsicht: natürlich.

Ich bin sofort Feuer und Flamme, will jede noch so kleine Chance packen und mir niemals vorwerfen müssen, ich hätte nicht alles versucht.

Erste Reha-Übungen im Spirit4Sports in Wilderswil unter der Leitung von Roli Fuchs. Foto: Zürich Versicherung

Ich erkundige mich, ob die Fussprobleme besser würden, wenn ich mir Zeit lasse und auf eine Teilnahme am Eidgenössischen in Zug verzichte. Leumann verneint. Also beschliesse ich: Wir operieren und ich fokussiere auf Zug.

An diesem Abend treffe ich mich mit Claudia in unserem Lieblingsrestaurant, wir feiern das 10-Jahr-Jubiläum.

> «Er gesteht mir, dass er nochmals operiert wird, besser morgen als übermorgen, und dass wir unsere Ferien zum zweiten Mal verschieben müssen. Ich reagiere besonnen, überlege bereits, wie wir alles aufgleisen. Und er sagt baff: ‹Du bist eine recht coole Frau.› Ich bin manchmal etwas hart zu ihm, eine Sparringpartnerin auf Augenhöhe halt, aber wenn ich spüre, er braucht jetzt Unterstützung, bin ich immer voll für ihn da.»
> Claudia Hediger, Freundin

Also werde ich operiert.

Leumann justiert so lange den Fuss, bis dieser während der Narkose wieder genügend beweglich ist. Und schon einige Stunden nach der Operation habe ich einen Physio-Termin und kann den Fuss richtig bewegen.

Das kommt gut, ich glaube fest daran.

$$* * *$$

Magglingen, schon wieder.

Gleich nach der Operation ist Reha angesagt. Ich muss mich etwas motivieren, weil ich erst gerade eine Rehabilitation durchgemacht habe und noch haargenau weiss, wie energiezehrend der Wiederbeginn nach einer Operation ist.

Trotzdem überwiegt die Dankbarkeit, dass ich hier oben bin, andere Sportlerinnen und Sportler sehe, mich von ihnen anspornen lassen darf. Und dass ich noch ein Ziel habe: Zug 2019. Dank diesem Fokus bringe ich die Energie auf, um nochmals eine strenge Reha durchzuziehen. Ich weiss, diese Wiederherstellungsmassnahmen helfen mir auch im Hinblick auf ein möglichst beschwerdefreies Leben nach dem Sport.

Es ist Anfang September und mein Physiotherapeut Simon Trachsel sagt im Hinblick auf Zug, das werde eine Punktlandung – es sei ein Wettlauf gegen die Zeit. Ich denke zuerst: Was erzählt der da für einen Blödsinn?! Wir haben noch ein ganzes Jahr! Aber dann spüre ich: Er hat recht.

Ab jetzt zählt jeder, Tag, jede Minute, jede Stunde.

Vier Monate lang bin ich auf dem Hügel der Sportbesessenen in der Reha. Mein Umfeld schrumpft in dieser Zeit massiv, ich sehe nur vier Personen regelmässig: meinen Physiotherapeuten, meinen Arzt, den Spitzensport-Verantwortlichen in Magglingen und Claudia.

Gewisse Reha-Trainings mache ich neben der Kunstturnerin Giulia Steingruber. Sie hatte eine Operation am Knie. Bei den Kniebeugen darf sie schon 60-Kilo-Hanteln nehmen, ich muss mich noch mit 40-Kilo-Hanteln begnügen – wir sticheln und pushen uns gegenseitig.

Nach einigen Wochen benötige ich eine Pause; der Lagerkoller macht sich bemerkbar, es ist eintönig hier oben. Genau richtig, um sich aufs Wesentliche zu konzentrieren, aber irgendwann auch zu viel des Guten. Claudia und ich machen eine Woche Ferien. Das ist offiziell so vorgesehen, Körper und Kopf müssen bei einer derart intensiven Reha zwischendurch pausieren.

Dann geht es weiter, die langen, anspruchsvollen Tage, der langsame Aufbau.

Irgendwann sind die vier Monate um, endlich.

Ich mache Pirouetten im Sägemehl. Der Fuss hält. Ich kann schwingen und trainieren, anfangs einfach sorgfältig und mit einigen Anpassungen. Einmal mehr bin ich froh um Roli und seinen Erfindungsreichtum.

> «Das Risiko, dass noch mehr kaputtgeht, ist klein. Es ist also nicht gefährlich, nochmals zu trainieren.»
> Roli Fuchs, Athletiktrainer.

Der Fuss fühlt sich besser an als vor einem Jahr. Zum Glück.

Mir bleibt nicht viel Vorbereitungszeit. Der Physiotherapeut warnt mich vor, dass ich in meiner Saisonplanung alles über den Haufen werfen muss, worauf ich früher zählte. Eigentlich bin ich der Typ, der langsam warmläuft im Verlauf einer Saison, der einige Feste braucht, um so richtig in Form zu kommen, physisch und mental. Das ist jetzt unmöglich, der Fuss würde der Belastung nicht standhalten.

Also muss ich meine Planung umsichtig machen, punktuelle Schwerpunkte setzen.

> «Er spricht extrem auf Bilder an, deshalb zeichne ich ihm einen Trichter auf Richtung Zug. Das hilft ihm in der Vorbereitung, nicht von Anfang an zu viel zu wollen.»
> Robert Buchli, Sportpsychologe

Bevor es aber an Wettkämpfe geht, verreise ich einmal mehr nach Gran Canaria ins Schwinger-Trainingslager. Dieses Frühjahr sind nur drei Athleten dabei, Kilian Wenger, Simon Anderegg und ich, zusammen mit Roli Fuchs und seiner Frau Nicole. Sie ist Kinesiologin und zuständig für Massagen.

Trainingsumfänge und Professionalität sind ohnehin jedes Jahr angestiegen, aber diesmal toppt Roli alles Bisherige: In sieben Tagen ste-

Trainingslager in Gran Canaria: die berüchtigten Dünen-Sprints.
Foto: Nicole Fuchs

hen zwölf Einheiten auf dem Programm, wir haben nur einen Morgen und einen Nachmittag frei. Wir trainieren auf der sogenannten Killertreppe, machen Dünenläufe, Schnelligkeitstrainings und Übungen zum Stehvermögen, schwitzen im riesigen Kraftraum des Hotels.

Natürlich frage ich mich zwischendurch: Wieso machst du das überhaupt? Das ist doch freiwillig, lass es einfach!

Aber die Motivation ist jeweils schnell wieder zurück. Es bringt nichts, bei negativen Gedanken hängenzubleiben. Wenn sie kommen, lässt man sie am besten im Hintergrund rauschen, irgendwann verstummen sie wieder.

Den ersten freien Morgen verbringen wir mit Shopping. Beim Mittagessen vor dem zweiten freien Halbtag sagt uns Roli, dass er sich umentschieden hat und neu Beintraining und die Killertreppe auf dem Programm stehen.

> «Ich will sie in eine ungewohnte Situation bringen. Das ist ein lustiges Mittagessen, ihre Augen blitzen vor Wut – sie lieben mich in dem Moment nicht gerade.»
> Roli Fuchs, Athletiktrainer

Die anschliessenden drei Stunden hassen wir uns alle gegenseitig und sind so richtig schlecht drauf. Das Training ist dann aber mit Abstand eines der besten auf der Insel.

* * *

Daheim geht das Training weiter. An einem Freitagabend machen wir das Einlaufen und dann erste Aufwärmübungen. Simon probiert an mir einen Schwung aus, den er allenfalls in sein Repertoire aufnehmen will. Wir üben ganz langsam und technisch, aber es haut mir die Beine weg, ich stürze nach hinten, lande auf dem Rücken, er fällt auf mich drauf. Mir stellt es kurz die Luft ab.

Nach dem Aufstehen rast mein Puls. Ich fasse mir an den Hals und
finde die Frequenz zu hoch. Also marschiere ich langsam ein paar
Runden durchs Sägemehl, atme ein und aus, ein und aus, aber der
Puls kommt nicht runter.

Ich gehe duschen, fahre nach Hause und merke unterwegs, dass
mein Sichtfeld enger wird. Zum Glück bin ich rasch daheim, aber
dort ist niemand. Claudia macht ein paar Tage Ferien in den Ber-
gen. Ich überlege, sie anzurufen, lasse es dann aber sein. Sie hatte
schon genug Aufregung wegen mir in den letzten zwei Jahren.

Ins Spital zu fahren, dünkt mich auch übertrieben. Am Ende sagen die, ich hätte mir den Brustkasten geprellt müsse mich einfach
schonen und abwarten.

Meine Halsschlagader pocht immer noch stark, das Einschlafen
fällt mir schwer. Ich frage mich, ob mit meinem Herzen etwas nicht
stimmt, ob ich vielleicht einschlafe und nie wieder aufwache – selt-
same, beängstigende Gedanken, die ich so noch nie hatte, auch
nicht nach dem Unfall. Ich schiebe sie beiseite, mache mir bewusst,
dass ich ein Spitzensportler bin, jung und topfit.

Am nächsten Morgen liege ich im Bett und glaube, es sei alles
wieder normal. Ich setze mich auf, mir wird kurz schwarz vor Augen und schon hämmert der Puls wieder. Weil ich nichts dagegen
tun kann, fahre ich wie jeden Samstagmorgen ins Training, in Rolis
Fitnesscenter S4Sports.

Eine der Angestellten ist gelernte Pflegefachfrau. Sie misst meinen Blutdruck und sagt: «Sofort ins Spital.»

Roli fährt mich nach Interlaken in den Notfall, bleibt bei mir. Ich werde an Geräte angeschlossen, und erzähle, weswegen ich hier bin, werde aber gestört durch das Messgerät, das ununterbrochen piepst. Ich blicke aufs Gerät. Mein Puls liegt bei 220 und plötzlich sind mehrere Ärzte im Raum und sagen, ich müsse auf die Intensivstation zur Überwachung. Dort erhalte ich Medikamente, die den Puls senken sollen; sie helfen nichts.

Alle um mich herum werden hektischer, sie wollen mich ins Berner Inselspital verlegen. Mir werden die Patches eines Defibrillators auf die Brust geklebt, man verlädt mich in den Krankenwagen und fährt mit Blaulicht Richtung Bern. Da verstehe ich so richtig, dass es wirklich ernst ist.

Im Inselspital teilt man mir mit, ich hätte ein Vorhofflimmern, eine vorübergehende Herzrhythmusstörung. Sie narkotisieren mich leicht und verabreichen mir einen Stromschlag. Das ist ähnlich wie ein Reset bei einem Gerät, alles kurz auf null stellen, damit es nachher wieder funktioniert.

Mein Herz schlägt wieder richtig, aber ich muss noch überwacht werden und ein Professor schaut sich das EKG an.

Es ist Zeit, Claudia anzurufen. Roli hat sie am Morgen schon informiert, sie ist bereits auf dem Weg. Einmal mehr erlebt sie den Schock ihres Lebens wegen mir.

> «Ich bin in Zermatt auf dem Klein Matterhorn, und sehe auf meinem Handy, dass Roli mehrfach versucht hat, mich zu erreichen. Ich rufe zurück, eile danach so schnell wie möglich ins Hotel, packe meine Sachen und setze mich in den nächsten Zug. Dort holen mich die Emotionen ein, ich sitze einfach da und weine.»
> Claudia Hediger, Freundin

Ich möchte Claudia etwas beruhigen.

«Er ruft mich an und sagt präventiv: ‹Es ist nicht so schlimm.›»
Claudia Hediger, Freundin

Nach einer Nacht im Spital fühle ich mich gut und denke am Sonntag, dass ich wieder heimgehen kann. Aber als der Professor vorbeikommt, zerstiebt diese Illusion.

Er teilt mir mit, dass ich einen Herzfehler habe.

Vor der Geburt bildet man sieben oder acht Reizleitungsbahnen, die von der Vorkammer des Herzens zur Hauptkammer führen. Diese sterben im Verlauf der Entwicklung ab, aber bei einem Viertel der männlichen Embryos verbleiben zwei solcher Leiter. Das kann zu einer Herzrhythmusstörung führen und im schlimmsten Fall zum Tod.

Wir müssen operieren, zur Sicherheit.

Am Montagmorgen macht man einen kleinen Einschnitt an meiner Leiste, geht dann mit einer Sonde den Körper hinauf bis zum Herzen, ich spüre ein Kitzeln. Mittels elektrischer Impulse werden die Reizleitungsbahnen aufgespürt, mein Puls schiesst wieder in die Höhe, der überflüssige Leiter wird verödet. Weil mein Herz wieder hämmert wie verrückt, erhalte ich nochmals einen Stromschlag. Der Reset klappt, mein Herz schlägt wieder normal.

Ich liege in einem Spitalzimmer der Kardiostation, bin mit Abstand der Jüngste und Fitteste hier. Jetzt informiere ich meine Familie.

«Am Montag schreibt Matthias im Familien-Chat eine Nachricht: ‹Ich hatte eine Operation am Herzen, nur etwas Kleines. Und das ist jetzt wieder gut.›»
«Das ist so typisch er: Ja nicht dramatisieren, sonst machen sich andere Sorgen um ihn und das mag er nicht.»
Katrin Glarner, Schwester

Ich bin längst nicht der einzige Spitzensportler mit einem Herzfehler – vom Skirennfahrer Carlo Janka und von den Fussballern Stephan Lichtsteiner und Sami Khedira ist bekannt, dass sie sich ebenfalls operieren liessen.

Und das macht mich nachdenklich. Es gibt so viele junge Männer und Frauen im Schwingen, die nicht durchgecheckt werden. Ich glaube, hier besteht noch viel Nachholbedarf, zum Schutz junger Athletinnen und Athleten.

Wieder einmal liege ich in einem Spitalbett und bin dankbar, wieder einmal hatte ich Glück.

Und nur einen Tag später darf ich nach Hause gehen. Mein Bruder Stefan holt mich ab. Es ist ein eigenartiges Gefühl, einfach so aus dem Spital raus zu spazieren, nicht wie das letzte Mal an Krücken hinaus zu humpeln.

Rein vom Herzen her dürfte ich sogar sofort wieder ins Schwingtraining, aber die Narbe an der Leiste erfordert eine kurze Schonzeit.

Ich sitze eine Woche daheim, denke darüber nach, ob ich die Herzoperation kommunizieren soll oder nicht, bespreche es mit Claudia und Beni. Ich will keine Schlagzeilen, will nicht zum Helden hochstilisiert werden, der beinahe gestorben wäre. Und ich möchte schon gar kein Mitleid.

Das ist mein Naturell, so bin ich erzogen worden: bodenständig und demütig bleiben, anständig sein zu anderen und keine grosse Klappe haben. Also behalten wir diese Episode mit dem Herzen im kleinen Kreis.

Nach einer Woche Pause setze ich mich aufs Velo, beginne vorsichtig wieder zu joggen und überwache immer den Puls. Anfangs werde ich leicht nervös, wenn er steigt, aber er kommt immer wieder runter. Alles okay. Mein Herz ist jetzt kerngesund.

Im Schwingkeller haben die Kollegen zuerst etwas Respekt, aber ich erkläre ihnen, dass sie keine Angst haben müssen. Trotzdem sind sie eine Weile zurückhaltend.

Irgendwann legt sich die Vorsicht – und manchmal vergesse ich sogar, dass ich eine Herzoperation hatte.

* * *

Alphörner und Jodelgesänge, Sägemehl am Körper, Schweissperlen überall – ich bin wieder an einem Schwingfest, kann wieder kämpfen. Es ist Juni, noch knapp drei Monate bis zum Eidgenössischen in Zug.

Mir bleibt nicht viel Zeit, der Druck ist gross – aber doch nicht so beklemmend wie in der ersten Saison als König.

Damals wollten mich alle auf dem Rücken sehen. Seit dem Unfall merke ich, dass die Leute sich einfach freuen, dass ich überhaupt noch antrete. Das nimmt mir extrem viel Ballast weg, jedes Fest ist wie ein Geschenk.

Ich darf den Fuss nicht überstrapazieren, wähle nur einige Feste aus, um mich auf Zug vorzubereiten. Am Anfang läuft es mies, ich erfülle meine Erwartungen nicht. Am Brünig verpasse ich den Kranz, deutlich.

Dann kommt das Bernisch Kantonale. Ich erreiche den Schlussgang, stelle dort mit Matthias Aeschbacher und werde Zweiter. Das Resultat tut gut, aber ich bin trotzdem weit von meiner früheren Form entfernt, rein von der Bewegungsqualität her kommt nie mehr ein ähnliches Gefühl auf.

Trotzdem bleibe ich optimistisch.

Ich sehe seit dem Unfall viel öfter das Gesamtbild, kann einzelne Niederlagen rascher verdauen. Ich bin jetzt 33, habe ein Bachelor- und ein Masterdiplom, mehr als 100 Kränze, und einen Schwinger-königstitel. Ich kann stolz auf mich sein.

Diese Gelassenheit wird noch verstärkt durch eine Massnahme von Röbi. Im Hinblick auf das Eidgenössische machen wir eine gemeinsame Wanderung. Wir wollen die Lauberhorn-Abfahrt rückwärts ablaufen, vom Ziel bis zum Start.

Auf dem Weg vom Bahnhof Wengen zur Lauberhorn-Strecke setzen wir uns kurz auf ein Bänkchen und Röbi sagt: «Nehmen wir an, du bist 80. Was willst du deinen Kindern und Enkeln von dieser Zeit als amtierender König erzählen?»

Die Frage wirft mich aus der Bahn, sie ist so gross und bedeutungsvoll. Ich habe mir dazu noch nie Gedanken gemacht. Wenn man mittendrin ist, ständig im Hamsterrad und auf ein nahes Ziel fokussiert, nimmt man zu selten eine übergeordnete Perspektive ein.

Ich weiss spontan keine Antwort, aber die Gedanken kommen ins Rollen.

Wir starten unsere Wanderung. Es gibt acht Abschnitte für die acht Gänge in Zug, wir stapfen hoch und absolvieren unterwegs Übungen.

Die Wanderung katapultiert mich aus der Komfortzone. Die Abfahrtsstrecke ist lang und wahnsinnig steil und an diesem Tag ist es drückend heiss. Beim Hundsschopf haben wir nichts mehr zu trinken, ich bin am Anschlag. Aber die Herausforderung tut gut.

Und die Gedanken drehen weiter, kreisen um Röbis Frage auf dem Bänkchen. Daraus entsteht mit der Zeit das Vorhaben, in Zug nicht resultatfixiert zu sein, sondern einfach meine Geschichte abzuschliessen und insgesamt erzählenswert zu machen.

Mach deine Geschichte erzählenswert – dieser Satz begleitet mich in den folgenden Wochen Richtung Zug. Er hilft mir, mit schwierigen Situationen und unangenehmen Begleiterscheinungen umzugehen.

Seit einem Jahr benötige ich konstant Entzündungshemmer, nehme dreimal täglich entzündungshemmende Spezialnahrung zu mir, trage Einlagen in meinen Schuhen, Holzkeile im Schwingschuh. Ich gehe sehr oft zur Physiotherapie, kaufe mir ein Gerät, das unter Kompression den Fuss kühlt. Ich suche auch den Ernährungswissenschaftler Christof Mannhart auf, um in diesem Bereich zu optimieren.

In Estavayer hatte ich mit Erbrechen und Appetitlosigkeit zu kämpfen, das fiel jedoch nicht so ins Gewicht, weil ich die meisten Gänge relativ rasch gewann. Ich weiss aber, dass ich mehr Power brauche, wenn die Gänge härter werden. Mannhart rät mir zu Shakes, weil ich mit dem Trinken auch unter grösster Anspannung nie Probleme hatte. Ich erhalte einen Zweitagesplan fürs Eidgenössische mit exakten Angaben, damit ich immer genügend Energie habe.

Ich versuche alles, wirklich alles. Vielleicht sogar zu viel.

In den letzten zwei Wochen vor dem Fest betreibe ich noch grossen Aufwand, statt mich einfach auszuruhen und erholt ans Fest zu gehen.

Ich will das hinterletzte Detail optimieren, um einigermassen konkurrenzfähig im Sägemehl zu stehen.

Input vom Athletiktrainer Roli Fuchs

Ein Ziel ist nicht mehr erreichbar. Was jetzt?

Im Verlauf des Prozesses muss man ein Ziel manchmal anpassen oder es sogar bleiben lassen. Ich versuche hier immer, den Athletinnen und Athleten Informationen und Inputs zu geben für ihre Entscheidungen – aber entscheiden müssen sie allein. Ich bin ein Mentor, kein Guru – es soll kein Abhängigkeitsverhältnis geben, ich möchte mit mündigen Personen zusammenarbeiten, die selber entscheiden.

Sie dürfen mich in einer Trainingssituation anmotzen, damit habe ich kein Problem, ich quäle sie dann ja tatsächlich ein wenig. Aber ich tue das, weil sie sich eigenständig dazu entschieden haben, diesen Weg zu gehen.

Selbständig Entscheidungen zu treffen, ist nicht immer leicht. Deshalb ist Selbstwirksamkeit so essenziell – die Gewissheit, etwas bewirken und in schwierigen Situationen selbständig handeln zu können. Das ist nicht in uns angelegt, sondern wird durch Erfahrung gebildet – im Optimalfall schon in der Kindheit. Nur wer Selbstwirksamkeit besitzt, kann auch Selbstvertrauen aufbauen.

Natürlich wird es zwischendurch Zweifel geben. Jeder darf zweifeln, aber bis tief ins Detail muss man nicht gehen. Es braucht auch eine Art Urvertrauen, einen gesunden Boden. Bei manchen ist das der Glaube, bei manchen eine Bodenhaftung, die sie im Elternhaus mitbekamen, bei einigen ein bestärkendes, stabiles Umfeld, das Sicherheit gewährt.

Wenn die Zweifel überhandnehmen, die Motivation schwindet, dann hilft manchmal ein Perspektivenwechsel: Es ist wichtig zu sehen, dass man auch ohne Königstitel und Co. glücklich sein kann. Wenn der Blick zu eng ist, steigt die Anspannung ins Unermessliche, das erzeugt ein Gefühl von Ausgeliefertsein. Wer den Blick wieder öffnet, verliert damit seine Vision nicht aus den Augen – im Gegenteil. Man hat dann wieder mehr Luft, und somit Energie, den Prozess weiterzugehen.

Kaputt und leer

Zug 2019

Ein bisschen Selbstvertrauen, viel Hoffnung. So sieht mein Rucksack in Zug aus.

Ich habe geschuftet, geschwitzt, gelitten, getüftelt, stehe jetzt hier in der Arena vor 56500 Zuschauern, als amtierender König, mit insgesamt 116 Kränzen und hunderten von absolvierten Kämpfen, und ich weiss: Das werden zwei harte Tage.

Alles andere wäre illusorisch.

> «Es gibt in Zug keinen, der mehr Aufwand betrieben hat, um hier dabei zu sein. Obwohl andere auch brutal viel investiert haben.»
> Roli Fuchs, Athletiktrainer

Im ersten Gang erwartet mich die Schlussgang-Revanche von Estavayer. Armon Orlik steht im Sägemehl, er ist einer der Topfavoriten in Zug. Ich mache dasselbe wie vor drei Jahren, wie vor jedem Kampf: am Brunnen dreimal Wasser mit beiden Händen übers Gesicht, anschliessend Wasser über beide Arme und beim Weggehen ein bisschen Wasser in den Nacken. Dann gehe ich zu Armon.

Grifffassen, konzentrieren, dagegenhalten – und irgendwann liege ich auf dem Rücken.

Ich weiss nicht mehr, ob es im zweiten, dritten oder vierten Zug war, meine Erinnerungen an die Wettkämpfe von Zug sind sehr trüb und ich habe mir nie Videos davon angesehen. Ich erinnere mich aber an mein Gefühl in diesem Gang: Ich habe absolut keine Chance gegen Armon.

Der Samstag ist grottenschlecht, im zweiten Gang folgt ein Gestellter gegen Lars Geisser, im dritten eine unglückliche Niederlage gegen Bruno Linggi.

Im Nachhinein heisst es, die Kampfrichter hätten das nicht werten dürfen, weil Bruno zu einem Zeitpunkt beide Griffe gehen liess. Solche Entscheide gibt es halt manchmal, die Kampfrichter leisten anspruchsvolle und hervorragende Arbeit, aber Fehler können passieren. Ich habe sicher auch schon strittige Gänge gewonnen, über die Karriere gleicht sich das aus. Für mich ist klar: Ich hätte gar nicht in diese Situation kommen dürfen. Es ist schlichtweg mein Fehler und Bruno hat gut reagiert.

> «Mätthel sucht nie den Fehler bei der Einteilung, beim Kampfgericht oder gar beim schlechten Wetter. Auch jetzt, an seinem letzten Auftritt auf der grossen Bühne, sagte er: ‹Ich war einfach zu schlecht und ich darf gar nicht so weit kommen, dass es brenzlig wird und die Entscheidung dann vielleicht nicht auf meine Seite kippt. Punkt.›»
> Claudia Hediger, Freundin

Es ist Samstagnachmittag und ich muss tatsächlich um den Ausstich schwingen. Wenn ich am Sonntag noch dabei sein will, brauche ich im vierten Gang einen Sieg.

Einen Moment lang frage ich mich, was ich hier tue. Ich könnte irgendwo unter Palmen liegen und mir das hier ersparen.

Ich suhle nur kurz im Selbstmitleid. Dann kommt mir Röbis Spruch in den Sinn, ich solle die Geschichte erzählenswert machen.

Ich denke zurück, wie viel ich gearbeitet habe, rufe mir in Erinnerung, dass ich mich unmöglich so verabschieden kann, raffe mich nochmals auf und sage zu mir:

Einmarsch am Eidgenössischen Schwingfest in Zug 2019. Foto: Rolf Eicher

Mach deine Geschichte erzählenswert. Mach dich nicht zum Clown und präsentiere dich so, dass du einigermassen mit Haltung aus der Arena gehen kannst. Dass die Leute sehen: Du hast nach dem Unfall zumindest gekämpft und alles versucht.

Ich gewinne den vierten Gang gegen Urs Doppmann mit der Maximalnote und darf am Sonntag nochmals antreten.

Der Samstagabend fühlt sich ähnlich an wie damals in Frauenfeld: Ich weiss, der Sonntag wird ein Krampf. Ich versuche, optimistisch zu denken, mich auf mein Können und meine Erfahrung zu fokussieren, den schmerzenden Fuss und die Enttäuschung auszublenden.

Am Sonntagmorgen muss ich gegen Stefan Gasser antreten, ein harter Gegner, der mir nicht liegt. Ich zwinge ihn auf den Rücken und hole mir ein Stück Selbstvertrauen zurück.

> «Für mich ist immer klar, dass Mätthel es durchzieht. Egal, ob es für den Kranz reicht oder nicht. Er will sich nochmals selber beweisen, dass er in seiner Karriere alles rausgeholt hat, was möglich war. Er ist nicht der Typ, der mit einem Fragezeichen aufhört.»
> Stefan Glarner, Bruder

Ein Flow wie in Estavayer wird sich zwar nicht einstellen und ich merke, dass meine Züge nicht mehr so präzis und kraftvoll sind wie früher, was am Fuss liegen mag und auch an der geringen Wettkampfpraxis vor dem Eidgenössischen. Aber ich spüre wieder, dass es sich lohnt, zu kämpfen und alles zu geben, und gewinne im sechsten Gang gegen Franz-Toni Kenel mit einer Zehn.

Im siebten Gang gegen Mickaël Matthey siege ich zwar, aber nicht mit Plattwurf, erhalte nur 9.75 Punkte. Und rechne für mich aus, dass es mit der bisherigen Punktzahl eng wird im Hinblick auf den eidgenössischen Kranz.

Ich weiss auch, dass mein Notenblatt bis jetzt nicht besonders eindrucksvoll ist, dass ich im achten Gang sicher noch einen harten Brocken kriegen werde.

Tatsächlich erwartet mich ein Eidgenosse: Mike Müllestein. Ich mobilisiere nochmals alle Kräfte, will in diesem Gang das Bestmögliche rausholen, aber er endet gestellt. Ich bin mir sicher: Es reicht nicht für einen Kranz. Der Frust presst mir die Brust zusammen. In dem Moment bin ich felsenfest davon überzeugt, dass dies der letzte Gang meiner Karriere war.

> «Mir kommen die Tränen, weil ich weiss, wie viel er investiert hat.»
> Katrin Glarner, Schwester

Ich gehe zum Berner Garderobenzelt, verziehe mich dahinter in eine Ecke, alle Dämme brechen.

Physisch kaputt, psychisch ausgelaugt, emotional leer.

Ich weiss, ich habe alles gegeben und werde dieses Erlebnis überstehen. Aber im ersten Moment dominiert immense Traurigkeit.

Irgendwann höre ich grossen Jubel und weiss: Der Schlussgang ist vorbei. Bald darauf erfahre ich, dass Christian Stucki nun König ist. Und dass mir ein Viertelpunkt zum Kranz fehlt.

> «Ich ahne, dass es nicht reicht zum Eichenlaub. Aber trotzdem halte ich mich an irgendetwas fest und wünsche ihm nichts mehr als dieses i-Tüpfelchen bei seinem Weg zurück. Dann kommt die Rangliste. Die Tatsache, dass es um mickrige 0.25 Punkte nicht reicht, trifft mich wie ein Faustschlag. Aus der Traum, kein Happy End – die Tränen kullern mir übers Gesicht. Ich hadere

noch heute damit und will es manchmal nicht verstehen, dass seine Geschichte nicht anders enden konnte.»
Claudia Hediger, Freundin

Eine Stunde lang sitze ich in der Elendsecke, bin nicht der einzige hier, auch andere Schwinger sind unzufrieden mit ihrem Fest. Wie immer an einem Eidgenössischen: Von himmelhoch jauchzend bis tief betrübt sind alle Emotionen vertreten.

Ich lasse meinen Frust raus, weine, hadere, sinniere, wälze tausend Fragen. Hat sich der Aufwand gelohnt? Hätte ich es bleiben lassen sollen? Habe ich das so verdient?

Immer wieder kommen Schwingerkollegen und reden mir positiv zu, sagen, ich solle stolz sein auf das Erreichte und dass niemand nach dem Unfall gedacht hätte, dass ich überhaupt so zurückkomme. Ab und zu kommen mir nach solchen Worten nochmals die Tränen, es dauert eine Weile, bis die Emotionen abflachen.

Aber auch mitten im Elend und trotz den Sinnfragen in meinem Kopf weiss ich, dass mit ein wenig Abstand Zufriedenheit einkehren wird. Weil ich mir nicht vorwerfen kann, zu wenig getan zu haben.

Die harte Arbeit wurde gemacht, vom Aufwand her etwa doppelt so viel wie vor Estavayer – nur das Ergebnis ist nicht wie erhofft.

«Eigentlich ist es schon ein Wunder, dass er überhaupt nochmals an ein Eidgenössisches konnte. Ein Kranzgewinn wäre fast zu perfekt gewesen nach dieser Vorgeschichte. Ich weiss nicht, wie viele Tabletten er in den zwei Jahren nahm. Andere Sportler investieren nach einer Verletzung nicht annähernd so viel in ein Comeback. Ich glaube, es können auch nicht viele überhaupt mit so grossen Schmerzen umgehen.»
Roli Fuchs, Athletiktrainer

Sechster Gang gegen Franz-Toni Kenel am Eidgenössischen
Schwingfest in Zug 2019. Foto: Rolf Eicher

Ich weiss, dass ich irgendwann nicht nur den verpassten Kranz sehen werde, sondern den ganzen Weg, die zweieinhalb Jahre vom Beckenbodentraining nach dem Unfall bis zum Kämpfen um den eidgenössischen Kranz.

Und ich kenne mich gut genug, um zu wissen:

**Wenn ich es nicht versucht hätte, würde ich mein ganzes
Leben damit hadern.**

Irgendwann gehe ich duschen, mache mich parat für die Rangverkündigung. Dort muss ich wieder in zweiter Reihe antreten, in der
Parade der Verlierer, wie schon in Luzern. In der Innerschweiz
bleibt mir der eidgenössische Kranz also verwehrt. Immerhin habe
ich drei Innerschweizer Teilverbands-Kränze.

Ich ertrage die Rangverkündung mit Fassung, freue mich für
Chrigu Stucki, für meinen Cousin Simon Anderegg und die anderen
Trainingskollegen, die den Kranz erhalten. Im Gabentempel wähle
ich eine Tissot-Uhr, die ich danach nur ein einziges Mal anziehe,
weil ich von Zug eigentlich gar kein Andenken möchte.

Eine Rangliste schaue ich nie an, habe keine Ahnung, wer Neueidgenosse ist.

Am Montagmorgen fahre ich mit Niklaus Zenger nach Hause. Ich steige aus dem Auto, schaue mich suchend um. Niklaus fragt, was los sei und ich sage: «Ich suche meinen Kranz. Ah, ich habe ja gar keinen.»

Am Eidgenössischen in Luzern war ich ein Jüngling, in Aarau druckfrei und ungestüm, in Frauenfeld musste ich beissen, in Burgdorf war ich noch nicht parat für die allerbesten Gegner – all diese Erfahrungen ergaben Estavayer. Und Zug ist nun halt so, wie es ist. Kein Highlight, nur der der Abschluss meiner zweiten Laufbahn als Schwinger, der Karriere nach dem Sturz.

Ein Schlusspunkt.

Input vom Athletiktrainer Roli Fuchs

Wie kann ich mich von Erwartungen und Urteilen anderer lösen?

Es ist verlockend, sich von den Meinungen anderer lösen zu wollen. Aber Menschen, die bereit sind, über sich nachzudenken, die trifft Kritik halt trotzdem – ausser, sie sind narzisstisch oder dumm.

Zudem kann Druck von aussen den letzten Kick geben, um nochmals Zeit und Energie zu investieren. Extrinsische Motivation ist zwar nicht so dauerhaft wie intrinsische Motivation, aber durchaus hilfreich in Momenten, wo der Antrieb fehlt. Sich gänzlich von Fremdurteilen zu lösen, ist also nicht nur ein unrealistisches Ziel, sondern teilweise sogar leistungsmindernd.

Doch man kann die Wirkung von externer Kritik minimieren: Je besser du deinen Weg gemacht hast, desto weniger weh tut es. Wer all das getan hat, was er selber beeinflussen kann, hat viel Grund zur Zufriedenheit. Kritik wird auch dann nicht abprallen, kann aber rascher beiseitegeschoben werden. Manchen hilft es, zu sehen, wie viel sie geleistet haben – beispielsweise dank Trainingsaufzeichnungen, Notizen oder ähnlichem.

Klare Worte

Rücktritt

Diese Leere in mir, physisch und psychisch, sie zeigt mir deutlich, wie sehr ich das System ausgereizt habe.

Ich rechne aus, wie viele Entzündungshemmer und Schmerzmittel ich im letzten Jahr vor Zug wohl genommen habe.

1000 Tabletten in einem Jahr, kein Tag ohne Medikamente.

Bei einem Training pro Tag musste ich drei Tabletten nehmen, bei zwei Trainings waren es vier Tabletten. Dazu die Spezialnahrung, die Termine beim Physiotherapeuten, das Herumtüfteln an einer fussschonenden Technik, die Holzkeile im Schwingschuh und so weiter.

Mein Kopf weiss: Es geht nicht mehr.

Zehn Minuten nach dem letzten Gang in Zug hätte ich geschworen, dass ich niemals mehr einen Wettkampf bestreite. Die Leere in mir, die Zahl der Tabletten, die Erinnerung an die Schmerzen – das alles sind klare Signale, was ich tun muss.

Der Verstand sagt: Stopp! Aber das Herz schwankt.

Ich spüre, dass das Feuer in mir noch da ist.

Claudia und ich fliegen für vier Wochen nach Kanada. Mit dem Trackcamper herumreisen von Campground zu Campground, viel Wildnis und Natur, unendlich viel Zeit, Ruhe, Feuer machen, relaxen, erholen – wunderbar. In der ersten Woche denke ich ständig ans Schwingen. Ich frage Claudia nach ihrer Meinung. Sie ist mir keine grosse Hilfe und sagt immer wieder, sie würde jede Entscheidung unterstützen und mittragen.

«Ich weiss, was der Schwingsport für ihn bedeutet, dass das sein Leben ist. Ich kann ihm nicht in die Augen schauen und sagen: ‹Hey, das ist es jetzt gewesen.› Er hat so viel geleistet, hatte seinen grossen Erfolg, fiel so tief wie nie – so jemandem zu sagen, dass der Lebensinhalt nun abgehakt werden muss, ist extrem schwierig. Ich bin zu nah dran. Deshalb rate ich ihm eher, noch ein Jahr anzuhängen und biete an, mein Arbeitspensum zu reduzieren, um ihn noch intensiver zu unterstützen.»
Claudia Hediger, Freundin

Ich finde in Kanada nicht zu einem Entschluss. Und nehme mir vor, ab jetzt einfach die Ferien zu geniessen und später zu entscheiden. Ich kann das Grübeln tatsächlich beiseitelassen und mich richtig erholen.

Das ist zwar gut, aber durch das Krafttanken in Kanada spüre ich auch wieder mehr Motivation. Zug ist verdaut, die Lust zurück.

Daheim frage ich einige Leute aus dem vertrauten Umfeld um ihre Meinung.

«Für mich wäre es günstig, wenn Mätthel weitermacht, wir funktionieren so gut miteinander im Training. Aber ich weiss, dass Aufhören für seinen Körper besser wäre. Wenn man ihn nach einem Training zum Schwingkeller raushumpeln sieht, dann ist der Fall eigentlich klar. Beeinflussen will ich ihn aber nicht, darum höre ich eher zu und sage nur, er könne ja ein Jahr anhängen und dann weiterschauen.»
Simon Anderegg, Cousin

Ferien im September 2019 in Kanada. Im Hintergrund der Lake Louise.
Foto: Claudia Hediger

«Ich sage ihm: Das Herz wird immer weitermachen wollen – so lange, bis man nicht mehr laufen kann. Das ist so, wenn der Sport die grosse Leidenschaft ist.»
Stefan Glarner, Bruder

«Ich sichere ihm meine Unterstützung zu, falls er weitermachen möchte. Aber den Entscheid will ich ihm nicht abnehmen. Also rate ich ihm, zu trainieren, bis er seine Antwort hat. Wenn du aufhörst, zu trainieren, hast du es nicht mehr in den Händen, dann gibt es nur noch eine Antwort.»
Roli Fuchs, Athletiktrainer

«Den Entscheid muss er selber treffen. Ich glaube aber, eigentlich hatte er das schon innerlich beschlossen. Für mich ist es bemerkenswert, dass er in der gesamten Vorbereitungszeit Richtung Zug nicht einmal über das Eidgenössische hinausschauen wollte und immer wieder seinen Fuss betonte. Der Schmerz gab ihm schon zu denken und es gab immer mehr als nur das Sägemehl.»
Robert Buchli, Sportpsychologe

Alle stehen hinter mir, egal was ich entscheide. So gut gemeint all die Antworten sind, sie helfen mir nicht.

Ich trainiere drei Wochen lang, um die Entscheidung nicht aus den Händen zu geben. Das Training macht Freude, aber die Schmerzen sind gross.

An einem Herbstnachmittag gehe ich zu Beni ins Büro, dieses Treffen haben wir gleich nach Zug fixiert.

«Ich sagte damals zu ihm, ich wolle einen Termin vereinbaren und dann über den Rücktritt reden. Er antwortete nur: ‹Ja ja, okay.› Ich kenne ihn gut und weiss, wie es läuft bei ihm: Zuerst geht er mal ins stille Kämmerlein und überlegt für sich. Dann fragt er einige Leute nach ihrer Meinung. Aber beim Thema Rücktritt sind alle Nahestehenden zu befangen. Also kommt er zu unserem Termin, kratzt sich am Kopf, druckst rum.»
Beni Knecht, Manager

Beni und ich sitzen uns gegenüber, seit zehn Jahren arbeiten wir jetzt zusammen.

«Okay, Mätthel, was machen wir?

«Ach, weisst du... Dieses Sägemehl, das lässt mich einfach nicht los.»

«Was heisst das?»

«Ich könnte noch ein Jahr anhängen.»

«Glarner, du spinnst.»

«Was?»

«Jetzt ist fertig. Du hast gezeigt, was du kannst. Aber du musst ehrlich sein und zugeben: Deine gesundheitlichen Probleme sind riesengross. Überleg mal, was du dir gesundheitlich antust, wenn du weitermachst. Du kannst nur noch verlieren.»

«Das ist dir ernst, oder?»

«Todernst. Ich war lange der stille Berater im Hintergrund. Aber jetzt sag ich dir, was du machen sollst. Es geht um deine Gesundheit und um deine Reputation. Du kannst nur noch als Verlierer vom Platz gehen, wenn du weitermachst. Wir organisieren deinen Rücktritt, Punkt. Du sagst mir hier und jetzt, wie das ablaufen soll.»

«Ja, hm. Ist wohl schon gut so.»

«Also, dann schreib auf, wie du dir den Rücktritt wünschst. Dann gehst du heim und sprichst mit Claudia. Und dann erwarte ich, dass ein klares Statement von dir kommt.»

Beni nimmt ein weisses Blatt hervor, schreibt darauf «Rücktritt Matthias Glarner», unterstreicht die Worte und schiebt mir das Blatt rüber.

Innerhalb von fünf Minuten schreibe ich auf, wie mein Rücktritt laufen soll. Ich bin geistig total klar, und das zeigt mir: Innerlich weiss ich es schon länger, aber es brauchte den Impuls von Beni. Es ist der richtige Entscheid.

Ich werde nie genug haben. Und trotzdem ist jetzt Schluss.

Mich überfluten die Gefühle – Freiheit, Entspannung, Zufriedenheit. Wie nach einer Prüfung, wenn du die Tür hinter dir schliesst und weisst, dass es vorbei ist.

Ich fahre heim, rede mit Claudia.

«Als Mätthel erzählt, Beni habe ihm die Meinung gegeigt, werde ich wütend. Spinnt Beni eigentlich? Bestimmt jetzt er, wann Schluss ist? Ich bin emotional, weil für Mätthel ein wichtiges Kapitel zu Ende geht. Aber tief drin spüre ich, dass es so stimmt.»
Claudia Hediger, Freundin

Am Abend ruft Beni nochmals an.

Ich beruhige ihn und danke für seine Ehrlichkeit. Ich bin mittlerweile felsenfest überzeugt, dass dies der einzige Weg ist.

Spätabends rufe ich Roli und Simon an und erzähle es ihnen. Dann schlafe ich eine Nacht über den Entscheid und informiere tags darauf mein engstes Umfeld. Alle sind zuerst baff, dass der Zeitpunkt nun da ist. Und dann bestätigen alle, dass es das Richtige ist.

Ich informiere meine Sponsoren persönlich, und auch von dieser Seite kommt nur Verständnis. Jetzt kann ich den Rücktritt offiziell verkünden.

Ich wollte nie in einer Arena aufhören mit Ehrenrunden, Standing Ovations und Co. So etwas kann ich nur geniessen, wenn ich etwas geleistet habe, sonst würde ich mich unwohl fühlen. Nun kann ich alles so planen, dass keine Riesensache draus wird: Medienkonferenz im Hotel Reuti in Hasliberg, klein und bescheiden und extra am Samstagnachmittag, damit das Thema Anfang Woche von anderen Aktualitäten übertrumpft wird. Ich rede nur wenige Minuten, informiere über die Sachlage, spreche ein paar Dankesworte und stehe anschliessend den Medien Red und Antwort. Kurz und bündig, unspektakulär, so wie ich es mir gewünscht habe.

Und dann ist diese Kapitel meines Lebens vorüber.

Was zählt

Neuorientierung nach dem Rücktritt

Der Hinterburgsee schimmert in der Morgensonne, die Berge, Wiesen und Tannen ringsum spiegeln sich darin. Nur dort, wo meine Fischerrute dümpelt, schlägt das Wasser feine Wellen.

Ich fische. Bin still. Denke nach.

Das tue ich oft in letzter Zeit. Nicht nur, weil ich diesen Sommer die Fischerprüfung mache, sondern auch, weil ich Zeit brauche für mich.

Zum Nichtstun, zum Verarbeiten.

Es ist der Sommer 2020. Seit meinem Rücktritt vom Spitzensport im letzten Oktober ist viel passiert – mit der gesamten Welt, aber auch in meinem Leben.

Der grösste Einschnitt: der Tod meines Vaters.

* * *

Ätti ist gesundheitlich angeschlagen. Vor einigen Jahren erlitt er einen Herzinfarkt und später auch noch einen Schlaganfall. Er ist zunehmend auf Hilfe angewiesen, läuft immer schlechter, ist nach kleinsten Anstrengungen erschöpft und benötigt viel Schlaf. Durch das viele Liegen wird der Körper noch schwächer – eine Abwärtsspirale. Einige Male äussert er geradeheraus, er sei müde, wolle nicht mehr. Schon vor seiner Herzoperation 2008 sagte er mir, dass ich als Ältester für die Familie zuständig sei, falls er stirbt.

Und dann kommt Corona. Beide Eltern werden positiv getestet. Es ist März, man weiss noch nicht viel über das Virus, aber uns ist klar: Mein Vater ist Hochrisikopatient. Er hat leichte Atemnot und ich diskutiere lange mit meiner Mutter, was wir tun sollen. Daheim pflegen oder ins Spital bringen? Wir entscheiden uns fürs Spital Interlaken, sicher ist sicher.

Kurz bevor er ins Spital muss, zeigt mein Vater im Flur auf ein Foto von uns Kindern. Er sagt zu meiner Mutter, das sei das Beste, was ihm im Leben passiert ist.

Im Spital Interlaken wird Ätti gut betreut, aber wir dürfen nicht mehr zu ihm. Er hatte nie ein Handy, kennt sich nicht aus mit Videotelefonie, eine sehr belastende Situation für alle. Oft sitzen wir einfach vor dem Spital, wollen auf diese Weise in seiner Nähe sein. Wir Kinder schauen abwechslungsweise im Elternhaus rein, um unsere Mutter zu unterstützen.

Zuerst geht es dem Vater gut, aber dann schlagen die Corona-Auswirkungen zu und sein Zustand verschlechtert sich. Schon vor Corona hat er verfügt, dass er keine Intensivpflege oder lebenserhaltenden Massnahmen mehr erhalten möchte, nur noch Palliativbehandlungen. Irgendwann berichtet man uns, er wolle nicht mehr essen, bekomme nicht mehr viel mit. Wir ahnen: Er hat abgeschlossen.

Eines Tages werden wir informiert, dass der letzte Rettungsversuch misslungen ist, eine Antibiotikakur nicht wie erhofft anschlägt und abgebrochen wird.

Meine Mutter darf zu ihm. Wir Kinder gehen in die Spitalkapelle, ein Seelsorger kommt zu uns. Per Facetime nehmen wir von Ätti Abschied.

Es wird Abend, wir werden heimgeschickt und ich frage meine Mutter auf dem Nachhauseweg unzählige Male, ob es vielleicht doch noch Hoffnung gibt.

> «Matthias ist optimistisch und hofft darauf, dass noch ein Wunder geschieht. Aber ich sage ihm, dass sein Ätti nicht mehr heimkommen wird.»
> Heidi Glarner, Mutter

In der folgenden Nacht stirbt er.

Wegen Corona gibt es keine Aufbahrung. Wir können nicht mehr zu ihm, ihn nicht nochmals sehen.

Obwohl es sich abzeichnete, ist es ein Schock und wir benötigen erstmal Zeit für uns, als Familie. Deshalb versuchen wir, die Todesnachricht so geheim wie möglich zu halten. Doch die Meldung macht rasch die Runde und tags darauf steht es bereits in den Medien.

Das ist das einzige Mal in meinem Leben, dass ich meinen Status als Schwingerkönig innerlich verfluche. Mit dem Rummel nach dem Gondelunfall konnte ich umgehen, aber nun wollen ich und meine Familie in Ruhe trauern. Damit wir an der Beerdigung sicher nicht von Fotografen belästigt werden, bieten wir die Polizei auf, die Strassen werden abgesperrt.

Die Trauerfeier verläuft ohne Störung. Wir verabschieden uns im engsten Familienkreis von meinem Ätti, dem Mann, der mir so viel fürs Leben mitgegeben hat.

> «Der Tod ist gekommen, aber wir leben in den positiven Erinnerungen.»
> Heidi Glarner, Mutter

So furchtbar dieser Verlust ist: Wir rücken als Familie noch näher zusammen und begegnen einander auf einer ganz anderen Ebene. Wir sehen und hören uns öfter.

> «Die Schicksalsschläge haben unsere Familie noch mehr zusammengeschweisst.»
> Katrin Glarner, Schwester

Ich hinterfrage mich, denke an die ersten Monate als König zurück, als ich oft daheim, aber geistig nicht präsent war. Ich ging nach Hause, ohne das wirklich bewusst zu geniessen – wie man halt oft in sein Elternhaus zurückkehrt, es erscheint einem selbstverständlich. Jetzt hadere ich mit mir. Aber meine Mutter sagt, das sei in Ordnung gewesen in Anbetracht der damaligen Situation. Manchmal sei man mit den Gedanken halt woanders.

Trotzdem schwöre ich mir, nie wieder unbewusst heimzugehen.

* * *

Die Angel liegt in meinen Händen, mein verkrüppelter Mittelfinger vom Schwarzsee-Schwinget schliesst sich um den Schaft – eine sichtbare Erinnerung an mein Sportlerleben, das seit einigen Monaten vorbei ist.

Ich blicke auf die Bergidylle, denke nach über meine Vergangenheit, über die Zukunft. Was jetzt?

So viele Jahre war mein Leben ausgefüllt mit dem Schwingen. Jeden Tag war der Sport die Nummer 1, meine Ziele waren die Fixpunkte, sie bestimmten meine Planung, und meine Lust an harter Arbeit trieb mich täglich voran.

Das Einschneidendste am Karriereende ist das Wegfallen der Ziele. Ich dachte im Vorfeld, das sei einfach, aber ich bin nicht der erste Spitzensportler, der nach dem Karriereende merkt, wie schwierig die Rückkehr in ein normales Leben ist.

Plötzlich sitze ich vor einem leeren Blatt.

Das ist einerseits beängstigend, so eine grosse weisse Fläche. Andrerseits ist es auch enorm spannend und ein Privileg, sein Leben selber skizzieren zu können.

Ich muss mir überlegen, was ich noch erreichen will, welche Dinge nun wichtig sind.

Möchte ich wieder etwas in meinem Leben, das dieselbe Intensität einnimmt wie das Schwingen? Oder will ich viele kleine Dinge dazu nehmen?

Immer wieder denke ich an das Bild mit den Hüten, es hilft mir bei jeder Entscheidungsfindung.

Ich möchte nicht mehr 15 Hüte aufhaben, sondern lieber die bestehenden Hüte vergrössern und besser ausfüllen. Der riesige Sportlerhut ist fort, diese Kapazität soll nun in auf die anderen Hüte verteilt werden – Beziehung, Familie, Arbeit.

* * *

Direkt nach dem Rücktritt im Herbst 2019 widerstehe ich all den Anfragen, die auf mich einprasseln. Ich könnte im Schwingbereich zehn verschiedene Ämter übernehmen, der Bedarf wäre da. Aber ich sage bewusst, dass ich zwei Jahre lang nichts wissen will von Funktionärsposten.

Dafür schraube ich mein Pensum als Personalbetreuer bei den Bergbahnen Meiringen-Hasliberg schnell auf 100 Prozent hoch.

Ich arbeite sehr viel, bin im Winter oft sechs Tage pro Woche im Einsatz, von frühmorgens bis spätabends. Es macht mir Freude und Anfang Jahr werde ich zum stellvertretenden Geschäftsleiter ernannt. Doch im Verlauf des Frühlings wird klar, dass mein Chef und ich unterschiedliche Ansichten haben, was die Zukunft unserer Zusammenarbeit anbelangt. Ein klärendes Gespräch führt dazu, dass wir uns im beidseitigen Einvernehmen trennen. Ich werde freigestellt und habe plötzlich nichts mehr zu tun.

Es ist zuerst ein kleiner Schock, dann aber kommt eine Welle der Erleichterung. Wieder werde ich aus dem Hamsterrad hinauskatapultiert, wie nach dem Sturz von der Gondel.

Mir eine Pause zu gönnen, fiel mir in meinem bisherigen Leben enorm schwer. Einerseits ist mein innerer Antrieb hoch, andrerseits setzt einen die Erwartungshaltung von aussen unter Druck.

Auch wenn ich der Typ bin, der sich nicht an den Meinungen anderer orientiert, sind gesellschaftliche Glaubenssätze doch im Hinterkopf und beeinflussen wohl die eine oder andere Entscheidung.

Kurz nach meinem Abgang bei den Bergbahnen werde ich gefragt, wenn ich denn wieder arbeiten werde. Dass ich einige Monate nichts tun will, einfach mal Zeit für mich geniessen und gelegentlich fischen gehen möchte, löst Irritationen aus. Im Allgemeinverständnis gehört es sich, dass man arbeitet, auch wenn man wie ich durch die Freistellung weiterhin Lohn erhält und zudem einige weiterlaufende Sponsorenverträge hat.

Aber ich lasse mich nicht beirren. Ich denke zurück an die ersten Monate nach Estavayer, wo ich viel zu schnell wieder arbeitete und trainierte, obwohl der Rummel gross und meine Agenda proppenvoll waren. Wo ich mich mit letzter Kraft in die Weihnachtspause rettete.

Meine wichtigste Erkenntnis aus der damaligen Phase: Du musst dir für gewisse Dinge bewusst Zeit rausnehmen. Es braucht Mussestunden um zu reflektieren, Verarbeitung geht nicht auf Knopfdruck. Ist ein Projekt abgeschlossen, mach Ferien oder sonst eine Pause, pack nicht gleich das nächste an. Wenn du das beherzigst, kannst du dann auch mit neuer Energie und freiem Kopf das nächste Projekt angehen.

Genau das mache ich jetzt:

Nicht von einem Projekt ins nächste und nicht zu viel gleichzeitig, sondern eines nach dem anderen. Und Zeit einplanen, um geistig abzuschliessen.

Ich kann das Unverständnis der Leute in gewisser Weise nachvollziehen, unsere Leistungsgesellschaft priorisiert Berufstätigkeit hoch.

Aber ich habe die letzten Jahre wie verrückt gearbeitet neben meinem Beruf. Die meisten Menschen haben keine Ahnung vom Aufwand eines Schwingerkönigs: die Trainingsstunden, Sponsorenverpflichtungen und Medientermine – es ist ein Fulltime-Job, der nicht als solcher anerkannt wird. Natürlich wird man als König gut honoriert, aber wenn man die jahrzehntelange Vorarbeit bis zum Königstitel dazurechnet, relativiert sich das massiv.

Deshalb ist es jetzt Zeit für eine Pause.

* * *

Sportlich lasse ich es auch ruhiger angehen. Im ersten Monat nach dem Rücktritt gehe ich fünf bis sechs Mal pro Woche in den Kraftraum. Irgendwann halte ich inne und frage mich: Was mache ich da eigentlich? Ich muss nicht mehr so oft trainieren, das ist reine Gewohnheit.

Also reduziere ich auf dreimal eine Stunde Krafttraining pro Woche, leite ab und zu ein Schwingtraining in Meiringen.

Die Wettkämpfe fehlen mir keine Sekunde. Mich zu messen war nie mein primärer Ansporn für Leistungssport, das war eher die Leidenschaft, hart auf ein Ziel hinzuarbeiten.

Natürlich liebte ich das Gefühl der Befriedigung, wenn du jemanden auf den Rücken drehtest und sich die geleistete Arbeit auszahlte. Natürlich war es schön, wenn einige Tausend Leute klatschen, Anerkennung tut gut. Ich habe mich wettkampfmässig ausgelebt, wirklich. In unserer Wohnung sind einige schöne Erinnerungen ausgestellt, die Trychel von Estavayer und ein paar Fotos, das Buffet von Unspunnen, das reicht. Ich definiere mich nicht nur über den Sport und dieses Kapitel ist nun zu Ende.

Die hochintensiven Momente sind unwiederbringlich vorbei und das ist okay.

Dafür fallen auch belastende Dinge weg. Die Anspannung vor den Festen, die sich in den letzten Jahren so hochgeschaukelt hat, dass ich am Samstag jeweils kaum noch etwas zu Abend essen konnte. Und die unterschwellige Dauererschöpfung, die sich im Körper einnistet, wenn man immer den intensivsten Weg geht – so wie ich es anfangs musste, um ganz oben zu sein, und wie ich es nach dem Unfall musste, um überhaupt noch eine Chance zu haben.

> «Man sieht seine innere Ruhe, das finde ich so schön. Ich denke, er ist so im Reinen mit sich, weil er weiss: Er hat alles gemacht, was er konnte.»
> Roli Fuchs, Athletiktrainer

Jetzt kann ich wieder ohne Anspannung essen. Ich achte weiterhin auf eine ausgewogene Ernährung, esse insgesamt aber weniger als früher, brauche ja auch weniger Energie.

Reissalat und Biberli, meine häufigste Wettkampfnahrung, kann ich nun nicht mehr sehen. Dafür gönne ich mir andere Dinge öfter: abends ein Glas Wein oder ein Bier, Pommes oder Pizza. Es sind so kleine Genussmomente, die andere gar nicht mehr wertschätzen, für mich aber eine grosse Bedeutung haben, weil ich so lange drauf verzichtete.

Manche Sportler lassen sich nach dem Rücktritt ernährungstechnisch etwas gehen, aber ich möchte ein Vorbild sein für die Jungen, die ich trainiere. Du kannst nur verlangen, was du auch vorlebst. Und Claudia ist sehr aktiv, ich will weiterhin mit ihr mithalten können. Mein Gewicht geht runter, ich muss jetzt nicht mehr so schwer sein wie in Wettkampfform. Weniger Masse ist im Alltag angenehmer, auch für meinen Fuss.

Ich erfahre, dass der Fussspezialist Dr. Leumann sich nach meinem Zustand erkundigt hat. Er erwartet eigentlich, dass ich ihn bald kontaktiere, um etwas zu unternehmen – der Fuss könne unmöglich gut sein so. Meine Optionen sind ein Versteifen oder ein künstliches Gelenk. Auf beides habe ich momentan keine Lust, im Alltag geht es einigermassen gut. Ich bin nicht mehr so beweglich wie vor dem Unfall. Es gibt bessere und schlechtere Tage, aber ich mache regelmässig Mobilisierungsübungen, kann etwas wandern, etwas Skifahren, in den Kraftraum, Schwingtrainings leiten.

Meine Lebensqualität ist gut genug.

* * *

Genug gefischt. Ich packe meine Utensilien zusammen und mache mich auf den Heimweg.

Es tut gut, einen Sommermorgen allein zu verbringen. Ich brauche viel Zeit für mich.

Ich war noch nie der Kommunikativste – zumindest nicht, wenn es um Emotionen ging. Vorträge halten oder Auskünfte geben, sowas ist für mich kein Problem, aber wenn es um persönliche Empfindungen oder Entscheidungen geht, kapsle ich mich ab und versuche, alles selber zu lösen. So auch jetzt, in der Trauerverarbeitung und Neuorientierung.

Das ist für Claudia nicht immer einfach, so ein Schweiger an ihrer Seite. Aber wir wissen beide voneinander, dass das Gegenüber jederzeit da wäre. Und ich werde sicher daran arbeiten, Emotionen eher mal rauslassen zu können und mich besser mitzuteilen.

Was ich zuerst aber lernen muss: mir mein soziales Umfeld neu aufzubauen. Denn während ich im Hamsterrad strampelte, lief das Leben der anderen weiter, sie feierten Feste, verabredeten sich, machten Ausflüge – und ich hatte den Fokus auf dem Sport, pflegte nur einige enge Freundschaften.

Jetzt, wo ich wieder Zeit habe, muss ich mich aktiv bemühen.

Die Leute warten nicht auf dich.

Manchmal sitze ich an einem Samstag allein daheim und denke: Mit wem kann ich jetzt etwas unternehmen? Die Kollegen aus dem Schwingsport sind im Training, Claudia ist sehr selbständig und krempelt nach meinem Rücktritt nicht ihr ganzes Leben um. Schliesslich war ich die letzten zwölf Jahre am Samstag weg. Andere Kollegen haben Familie oder ihre eigenen Routinen.

Momente der Einsamkeit nach dem Rücktritt sind vielleicht nicht angenehm. Aber es ist ein Preis, den man zahlt.

Das Aufbauen eines neuen Umfelds braucht Zeit und Energie, hat jedoch auch etwas sehr Schönes. Einfach mal spontan einen Tag an den See, ein wenig grillieren oder Leute zum Essen einladen: All das war früher unmöglich.

Claudia und ich müssen uns erst etwas daran gewöhnen, häufiger zusammen zu sein.

Jetzt geniessen wir die viele Zeit miteinander.

* * *

Im August sitze ich mit meiner Mutter auf der Tribüne des Thuner Fussballstadions, es läuft das Barrage-Rückspiel gegen Vaduz, Thun führt 4:3, der Schlusspfiff ertönt. Wir wissen: Der Sieg ist zu wenig hoch, Thun steigt aus der Super League ab. Stefan hat nur einen Super-League-Vertrag und wird vertragslos.

Meine Mutter und ich schauen uns an, fassungslos, traurig. Es ist ein weiterer Tiefschlag in diesem Jahr 2020. Uns bleibt nur noch Galgenhumor und darum sage ich: «Ich weiss nicht, ob du alles richtig gemacht hast in deinem Leben, wenn du zwei Söhne hast, 33 und 35, und beide sind arbeitslos.»

Stefan will noch nicht zurücktreten und hofft auf einen weiteren Vertrag. Ich rate ihm dasselbe, was Roli mir 2019 nach dem Eidgenössischen in Zug mitgab: Setz dir einen Zeithorizont und trainiere weiter. Wenn du aufhörst mit dem Training, dann kannst du gleich den Rücktritt geben, dann ist es sowieso vorbei.

Ich schreibe seine Trainingspläne, trainiere mit ihm, bis ich so viel Muskelmasse zulege, dass mich die Anzeige auf der Waage erschreckt und ich mich wieder bremsen muss.

Es ist schön, so viel Zeit mit meinem Bruder zu verbringen – mit meiner gesamten Familie. Im Herbst fahren wir zum 60. Geburts-

WK in Magglingen mit meinen beiden Schwingerkollegen Simon Anderegg (links) und Kilian Wenger (Mitte). Foto: Franz Fischer

tag unserer Mutter alle zusammen nach Ascona; unsere kleine Familie mit Claudia und mit Tiago, Katrins Partner.

> «Es ist das erste Mal seit 19 Jahren, dass wir als Familie zusammen verreisen. Es war einfach immer irgendwas los, die Wochenenden waren stets voll. Es ist schön, Matthi dort mal in der Rolle des entspannten Geniessers zu sehen. Manchmal geht er schon am Nachmittag in den Apéro – sowas wäre früher undenkbar gewesen.»
> Katrin Glarner, Schwester

Wir hoffen weiterhin auf ein Vertragsangebot an Stefan, aber es bleibt aus. Anfang 2021 schreibt er im Familienchat, dass er zurücktritt. Ich lese seine Zeilen und werde für einen Moment sehr emotional.

> «Als Stefan seinen Rücktritt im Familienchat schreibt, findet Matthias diese Mitteilungsart nicht so toll. Ich muss auf den Stockzähnen lächeln und Katrin erinnert ihn daran, dass er es bei der Herzoperation genauso gemacht hat.»
> Heidi Glarner, Mutter

Stufi hat einen solchen Abschied von der Fussballbühne nicht verdient. Aber ich bin enorm stolz auf seine Leistungen und weiss, dass er auch im Leben nach der Karriere seinen Weg machen wird.

* * *

Ich rieche Schweiss und Sägemehl, Dul-X und Red Bull – die typischen Düfte eines Schwingers.

Meine berufliche Neuorientierung bringt mich zurück an den Ort, an dem ich so viele Stunden verbrachte, im Sportler-WK, in der Reha nach dem Unfall und nach der zweiten Fussoperation: Magglingen.

Ein halbes Jahr bin ich im Rahmen der Sportler-RS verantwortlich für die Schwinger. Dieses Mandat des Eidgenössischen Schwingerverbands kommt genau im richtigen Moment, nach einem genussreichen Sommer, nach dem Abschluss meines Zusatzstudiengangs in Entrepreneurial Leadership, bei dem ich viele neue Inputs erhalten und spannende Leute getroffen habe.

Ich habe wieder eine Aufgabe, bin mit sehr viel Elan dabei. Jetzt bin ich wieder da, wo meine absolute Stärke ist: Gemeinsam auf ein Ziel hinarbeiten, Erfahrungen weitergeben. Mit jungen Athleten, die das wirklich wollen, die du eher bremsen statt schubsen musst.

Schon während des Sportstudiums merkte ich ja, dass ich kein guter Motivator bin, wenn Schülern der Drive fehlt. Und dank meiner Arbeit bei den Bergbahnen erkannte ich, dass ich Selbstbestimmung brauche und meine eigenen Ideen ohne Wenn und Aber umsetzen will. Genau so, wie ich es mir als Sportler gewohnt war.

Die Analyse all meiner bisherigen Tätigkeiten zeigt: Ich bin dann am besten, wenn ich unmittelbar etwas bewegen kann.

Also wäre ein Funktionärsposten nicht das richtige für mich. In der Arbeit mit den Athleten im Sägemehl oder im Kraftraum kann ich direkten Einfluss nehmen.

Das ist das, was mir vom Sportlersein geblieben ist: Die Lust, eine Vision zu kreieren und dann diesen Weg zu machen. Dabei kann ich 120 Prozent Leistung geben, ob früher als Sportler oder jetzt als Trainer.

Und je länger je mehr wird mir klar, dass hier meine berufliche Zukunft liegt.

«Mätthel ist da, wo er hingehört: im Sport!»
Claudia Hediger, Freundin

Es war wohl Schicksal, dass es mit den Bergbahnen nicht klappte. Dass ich im Sommer meinem ersten Impuls und äusserem Drängen nicht nachgab, und nicht einfach einen neuen Job suchte. Dass ich fischte und mir Gedanken machte.

Hör auf dein Herz und mach, worauf du wirklich Lust hast.

Deshalb lanciere ich mit Roli «Spirit for Sports Pro», schreibe den Geschäftsplan dafür.

Das Unternehmen bietet ein Netzwerk, wo wir Sportlerinnen und Sportler professionell und ganzheitlich begleiten.

Momentan sind sechs Schwinger dabei, zwei Eishockeyspieler, zwei Skifahrer. Roli und ich und die beteiligten Expertinnen und Experten erstellen ein Konstrukt, das alles abdeckt, was nötig ist – von Management über Sportpsychologie, den medizinischen Bereich und so weiter. So, dass die Athletinnen und Athleten sich auf den Sport konzentrieren können und möglichst einfach und unkompliziert Unterstützung erhalten, ohne Findungsprozesse oder Irrwege.

Ich mag lebenslang Schwingerkönig sein, möchte mich aber nicht darüber definieren. Der Titel gehört zu mir, diese zwei Tage in Estavayer und die Arbeit, die es dafür brauchte, auch die Gondelgeschichte und alles andere, was passiert ist. Aber ich habe Lust, nun in anderen Bereichen Spuren zu hinterlassen.

Eine Neuorientierung dauert lange, ich habe das total unterschätzt.

Aber jetzt bin ich angekommen in meinem neuen Leben.

Danksagung

Ich danke an dieser Stelle allen, die mich auf meinem Weg begleitet und in irgendeiner Form unterstützt haben.

Ein besonderer Dank geht an meine Eltern für die bedingungslose Unterstützung zu jedem Zeitpunkt meiner Karriere und für die wertvollen Eigenschaften, die ihr mir mit auf meine Reise gegeben habt. Danken möchte ich ebenfalls meinen beiden Geschwistern. Auf euren Weg, sportlich wie auch privat, bin ich als ältester Bruder ganz besonders stolz.

Ein weiterer Dank gilt meinem professionellen Umfeld. Es war stets ein Privileg, mit euch zusammenarbeiten zu dürfen und ich habe sportlich wie auch menschlich extrem von euch profitieren dürfen. Das bedingungslose Vertrauen habe ich immer sehr geschätzt.

Ein spezieller Dank geht an all meine Schwingkollegen, an Trainer, Funktionär*innen, Gabenspender*innen, Festorganisator*innen, Schreibende, Fotografierende, Medienschaffende, Helfer*innen sowie die Fans rund ums Sägemehl. Ohne euch wäre der Schwingsport ein anderer.

Sehr geschätzt habe ich auch die Zusammenarbeit mit meinen Sponsoren während meiner gesamten Laufbahn. Ein Sporttreiben mit solcher Intensität war nur durch eure Unterstützung, in guten wie in weniger guten Zeiten, möglich und dafür bin ich ewig dankbar.

Es ist mir weiter ein Anliegen, an dieser Stelle den Mitarbeitenden der Rega sowie dem gesamten medizinischen Personal herzlich zu danken. Grossartig, wie überragend unser Rettungssystem und die anschliessende medizinische Betreuung in der Schweiz funktionieren.

Auch der Autorin des vorliegenden Buches, Anja Knabenhans, gehört ein grosses Merci. Unsere Zusammenarbeit während der Entstehung dieses Buches empfand ich als sehr bereichernd und total spannend.

Und zum Schluss geht ein grosser Dank an meine Partnerin Claudia. Du hast meine Träume und Visionen mitgetragen, meine Entscheidungen zu hundert Prozent gestützt und nicht zuletzt deshalb gehört ein grosser Teil der Königskrone dir.

Matthias Glarner

Die Autorin

Anja Knabenhans

 Anja Knabenhans war 15 Jahre lang Sportjournalistin bei der Neuen Zürcher Zeitung, unter anderem als Schwing-Expertin. Heute hat sie mit der ding ding ding GmbH ihre eigene Agentur für Text, Konzept und Audio, und sie ist Mitbesitzerin der Elternplattform Any Working Mom.